Liebe, Götter und Dämonen

Liebe, Götter und Dämonen

Wertvolle asiatische Handschriften
der Bayerischen Staatsbibliothek

Bayerische Staatsbibliothek · Schatzkammer 2008

Ausstellung 2. bis 27. Januar 2008

450 Jahre BSB Bayerische StaatsBibliothek

Ausstellung: Helga Rebhan und Karl Dachs
Redaktion: Helga Rebhan

Inhalt

Die Bayerische Staatsbibliothek bedankt sich für die freundliche Unterstützung bei der Herstellung des Katalogs:

ImageWare

Faksimile Verlag Luzern

Dorothea Dierig

Manfred Dierig

Verfasser der Katalogtexte

G. G.	Günter Grönbold
H. R.	Helga Rebhan
I. S.	Inga Streb
L. O.	Lucia Obi
N. Y.	Nini Yin-Pleyer
P. M.	Petra Maurer
R. S.	Renate Stephan

制曰國體勞臣必遡源而沛澤家崇誥
胤爰歸善於厥生盛典維新壼儀愈
著爾二等阿達哈哈番舒庫圖母納
喇氏幃範克端胎教居身教之先慈
訓惟勤能愛在能勞之後宜沛貤封
用昭母德茲以覃恩封爾為太淑人
於戲子情罔極感頋復而敦孝國綸
普被念劬勞以踈榮嘉乃恩勤頒茲
寵賚

Vorwort

Die Ausstellung ‹Liebe, Götter und Dämonen›, die wertvolle asiatische Handschriften der Bayerischen Staatsbibliothek in der Schatzkammer präsentiert, leitet acht Wechselausstellungen unterschiedlicher Thematik ein, die anlässlich des 450-jährigen Jubiläums der Bayerischen Staatsbibliothek im Jahr 2008 gezeigt werden. Sie umrahmen die dem Gründungsbestand gewidmete Hauptausstellung ‹Kulturkosmos der Renaissance›. Dem verbindenden Titel ‹Sammelleidenschaft (1558–2008): Kostbarkeiten aus den Beständen der Bayerischen Staatsbibliothek› verpflichtet, dokumentieren sie das breit gefächerte Sammlungsprofil, das diese aktive Universalbibliothek von ihren Anfängen an bis zum heutigen Tag auszeichnet. Sie bieten – in monatlichem Wechsel – einen erlesenen Einblick in die Vielfalt unseres Bestands, zeigen den Höhenkamm der internationalen Buch- und Schriftkultur und wollen durch die Schönheit der ausgewählten Stücke beeindrucken.

Der Bogen wird gespannt von asiatischen Schätzen über die königlichen Handschriften der Bibliothek des Matthias Corvinus, die von der UNESCO 2006 in das Weltdokumentenerbe aufgenommen wurden, zu Atlanten der Mannheimer Palatina, königlichen Geschenken Ludwigs I. an seine Hofbibliothek, modernen bibliophilen Ausgaben, illustrierten Künstlerautographen bis hin zur mittelalterlichen Buchillustration zum Thema Weihnachten. Im Anschluss an die Jubiläumsausstellung und in unmittelbaren Zusammenhang mit ihr werden die hochberühmten, großformatig prächtigen Musikhandschriften der Wittelsbacher, die ebenfalls zum Gründungsbestand gehören, in einer eigenen Schatzkammerausstellung gezeigt.

Die erste Ausstellung ‹Liebe, Götter und Dämonen› demonstriert anschaulich das Thema ‹Sammelleidenschaft›, zeigt sie doch aus den reichen asiatischen Schätzen der Bayerischen Staatsbibliothek erlesene Handschriften, deren Spektrum an Illustrationen, Schriften, Formen und Beschreibstoffen außergewöhnlich ist. Auch thematisch geht es keineswegs nur um die im Titel pointiert genannten Inhalte. Da in der Jubiläumsausstellung ‹Kulturkosmos der

Renaissance› Exponate aus dem Vorderen Orient in vorzüglicher Auswahl vertreten sind, konzentriert sich diese Schatzkammerausstellung auf Handschriften des indischen Subkontinents, Südost-, Zentral- und Ostasiens. Die mannigfaltige Handschriftenkultur Südasiens spiegelt sich beispielsweise in anmutigen Miniaturen und einem mit Edelsteinen besetzten Buchdeckel aus Gold wieder. Die Objekte aus Südostasien bestechen durch ihre Farben, ihre äußeren Formen und die exotischen Illustrationen. Einzigartig sind reich bebilderte, wertvolle tibetische Manuskripte aus der Mongolei, die 2006 dank eines großzügigen Sponsors erworben werden konnten. Von der chinesischen Hochkultur zeugen u.a. eine Dunhuang-Rolle von 673 und eine kaiserliche Urkunde auf Seide. Ein Glanzstück aus Japan stellt eine Ausgabe des Genji Monogatari in einer Geschenkkiste dar.

Die Vielfalt und Kostbarkeit der Exponate legen es nahe, einen eigenen Katalog im Rahmen unserer Schatzkammer-Ausstellungen zu publizieren. Seit 1996 legt die Bibliothek in dieser beliebten Reihe damit den siebten Band vor, der in einem neuen, sehr ansprechenden Layout erscheint. Für Gestaltung und Herstellung des Kataloges zeichnet das Büro Sieveking verantwortlich.

Großer Dank gebührt Dr. Helga Rebhan, der Leiterin der Orient- und Ostasienabteilung, für die Konzeption der Ausstellung, deren Koordination und die Katalogredaktion. Aufrichtig danken möchte ich Dr. Günter Grönbold, PD Dr. Petra Maurer, Lucia Obi, Dr. Helga Rebhan, Renate Stephan, Dr. Inga Streb und Nini Yin-Pleyer für ihre Katalogbeiträge, die Beleg dafür sind, dass die für die Öffentlichkeit attraktive Ausstellungsaktivität das wissenschaftliche Arbeiten in hohem Maße voraussetzt. Ein besonderer Dank gilt Dr. Karl Dachs, der sein breites und profundes Wissen und seine jahrzehntelange Erfahrung in alle Vorbereitungsphasen dieser Ausstellung mit hohem Engagement eingebracht hat. Gedankt sei Helmut Binder vom Institut für Buch- und Handschriftenrestaurierung, der an der Gestaltung und Präsentation der Ausstellung in kreativer Weise mitgewirkt hat, der Digitalisierungsstelle und Peter Schnitzlein vom Referat für Öffentlichkeitsarbeit. Mein herzlicher Dank geht an Herrn Karl Perstling, der den größten Teil der Abbildungen im Katalog aufgenommen und für den Druck aufbereitet hat.

Dr. Rolf Griebel
Generaldirektor

Einleitung

Die asiatischen Handschriften haben einen engen Konnex zum Gründungsbestand der Bayerischen Staatsbibliothek und somit zu ihrem 450-jährigen Jubiläum, denn schon in der Anfangsphase beschränkte sich ihr Sammlungsprofil nicht nur auf die europäische Literatur, sondern bezog in hohem Maße orientalische Sprachen ein. Mit dem Ankauf der Bibliotheken des Orientalisten Johann Albrecht Widmanstetter (1506–1557) im Jahre 1558 und Johann Jakob Fuggers (1516–1575) im Jahre 1571 gehörten Orientalia zum Grundstock der Münchener Hofbibliothek. Ihre Provenienzen lagen der damaligen historischen und ökonomischen Ausgangssituation entsprechend zunächst im vorderorientalischen und nordafrikanischen Bereich, doch bereits gegen Ende des 17. Jahrhunderts wurde die asiatische Sammlung mit chinesischen Jesuitendrucken initiiert. Von der Auflösung des Jesuitenordens 1773 und der Säkularisation der bayerischen Klöster 1803 profitierten der orientalische und asiatische Fond der Bibliothek.

Ein systematischer Ausbau der asiatischen Sammlung setzte erst im 19. Jahrhundert im Zusammenhang mit dem steigenden Interesse an Asien und der Einrichtung von einschlägigen Lehrstühlen an den Universitäten ein. Eine bedeutende Ausweitung erfuhren die asiatischen Bestände durch den Ankauf von Werken, die der Sinologe Karl Friedrich Neumann (1793–1870) von einer Chinareise in den Jahren 1830/31 mitgebracht hatte. 1851 übergab Ludwig I., der die sinologische Sammlung förderte, 2700 Bände aus der Bibliothek des Weltreisenden Onorato Martucci (1774–1846) an die damalige Hof- und Staatsbibliothek. Der berühmte Germanist und Bibliothekar an der Hofbibliothek, Johann Andreas Schmeller (1785–1852), lernte sogar Chinesisch! Die spektakulärste Erwerbung in der Geschichte der Sammlung war 1858 der Ankauf der riesigen Bibliothek des Orientalisten Etienne Quatremère (1782–1857), in der sich 1250 Handschriften aus dem Orient und aus Asien befanden. Wenige Zeit später gelang die Akquisition der Sammlung des Orientalisten Marcus Joseph Müller (1809–1874), die wichtige Zend-Handschriften enthielt, sowie derjenigen des Indologen Martin Haug (1827–1876), die sich durch 343 Sanskrithandschriften auszeichnete. Die Reihe wichtiger Käufe setzte sich mit den Sammlungen des Semitisten Ernst Trumpp (1828–1885) und des Indologen Julius Jolly (1849–1932) fort, durch die vor allem Handschriften in indischen Sprachen in die Bibliothek gelangten. Eine sehr wichtige Erwerbung tätigte Georg Reismüller (1882–1936) Ende der 20er-Jahre des 20. Jahrhunderts auf einer Einkaufsreise nach China, Japan und Korea. 1953 wurde die Sinica-Sammlung durch den Ankauf der Bibliothek des Sinologen Carl Hentze (1883–1975) bereichert.

Eine neue äußerst fruchtbare Periode für den Ausbau der Handschriften und Drucke in den orientalischen und asiatischen Sprachen begann, als sich nach der Nachkriegsphase die Verhältnisse an der Bayerischen Staatsbibliothek konsolidiert und stabilisiert hatten und bedingt durch die Internationalisierung und das zunehmende öffentliche Interesse an Asien entsprechende Angebote aus dieser Weltregion vorlagen. Vor allem dem Engagement, dem Weitblick und der profunden Fachkenntnis des ehemaligen Leiters der Handschriftenabteilung, Dr. Karl Dachs, und des früheren Leiters der Orient- und Ostasienabteilung, Dr. Günter Grönbold, ist es zu verdanken, dass die Sammlung seit Beginn der 70er-Jahre des 20. Jahrhunderts in erheblichem Umfang ausgeweitet wurde. So hat sich seit 1973 die Anzahl der orientalischen und asiatischen Handschriften von 3300 Bänden auf heute 16500 Manuskripte verfünffacht.

Das Augenmerk galt dabei nicht nur den Handschriften der klassischen Fächer des Vorderen Orients, deren Anzahl verdoppelt wurde, sondern ganz besonders dem Ausbau wertvoller und umfangreicher Quellensammlungen aus Zentral- und Südasien, aus Südostasien und dem Fernen Osten. Hier bestanden bis dato überwiegend nur kleine Fächer unter einer Sammelsignatur Cod[ices] Or[ientales] mixt[i] zusammengefasst in Specimina-Gruppen. Teils durch konsequente Erwerbung von Einzelstücken und kleinen Gruppen, teils durch den Ankauf geschlossener großer Sammlungen konnten bis heute 51 Sprachfächer neu eingerichtet werden. Die Anlage besonders umfangreicher Fonds begann 1976 für Handschriften aus Ceylon, Birma und Thailand. 1977 folgten solche aus Indien für Sanskrit- und Oriya-Kodices sowie für Handschriften aus Tibet. Ab 1978 kam eine Reihe zum Teil sehr kostbarer chinesischer Handschriften hinzu. Die Sammlung kunstvoll geschnitzter oder bemalter tibetischer Buchdeckel, die mittlerweile auf mehr als 100 Objekte angewachsen und auch im internationalen Rahmen einzigartig ist, wurde

1980 begonnen. Eine Gruppe von zahlenmäßig mittlerer Größe, dafür von um so höheren Wert, wurde seit 1984 für Handschriften aus Japan angelegt.

Die nächsten großen Erwerbungen nicht nur qualitativ sondern auch quantitativ sehr relevanter Bestände erfolgten mit dem Ankauf von Palmblatthandschriften aus Bali seit 1984 und von Tamil-Handschriften aus Südindien seit 1987. Eine sehr beachtliche Sammlung des chinesischen Minderheitenvolkes der Yao kam schrittweise seit 1989 hinzu und schließlich gelang nach dem Fall des Kommunismus ab 1996 der Aufbau einer Sammlung mongolischer Handschriften. 2005 wurde der Bestand um sehr selten auf dem Antiquariatsmarkt zu findende tibetische Musiknotenhandschriften und 2006 um ein Konvolut äußerst wertvoller tibetischer Handschriften aus der Mongolei bereichert.

Das heutige Mengengerüst der 16500 orientalischen und asiatischen Handschriften der Bayerischen Staatsbibliothek stellt sich folgendermaßen in recht ausgewogener Form dar: 5000 Objekte stammen aus Europa (Hebraica), dem Nahen und Mittleren Orient und Nordafrika; 1600 aus Zentralasien, 2600 aus Südasien, 4100 aus Südostasien und schließlich 3200 aus Ostasien. Sie ist damit in die Reihe der großen Bibliotheken aufgerückt, die umfangreiche und bedeutende Bestände aus allen Teilen des asiatischen Kontinents besitzen. Heutzutage wäre der Erwerb von mehr als 13000 Handschriften aus dem Orient und aus Asien, die seit 1973 für die Sammlung gekauft wurden, wegen sinkender Etats, ständig steigender Preise und des starken Rückgangs entsprechender Angebote auch für die großen Bibliotheken und Museen ein kaum durchführbares Unterfangen.

Alle Handschriften sind in Standortkatalogen eingetragen. Die Bibliothek bemüht sich mit Erfolg darum, einzelne Fonds durch ausführliche Kataloge zu erschließen. Im Projekt der ‹Katalogisierung der Orientalischen Handschriften in Deutschland› sind zahlreiche Bände zu den orientalischen und asiatischen Handschriften der Bibliothek erschienen. Die Bayerische Staatsbibliothek stellt einen Teil der Handschriften bereits über das Internet bereit. Für die nahe Zukunft ist die vollständige Katalogisierung, Digitalisierung und Langzeitarchivierung einzelner Sprachgruppen und deren wissenschaftliche Erforschung geplant. Die orientalischen und asiatischen Handschriften können Forscher und Wissenschaftler im Lesesaal der Abteilung für Handschriften und Alte Drucke benutzen.

Der Bayerischen Staatsbibliothek ist es schon immer ein wichtiges Anliegen gewesen, nicht nur ihre abendländischen, sondern auch ihre orientalischen und asiatischen Handschriften einem breiten Publikum zugänglich zu machen und gerade dieses exotische, außergewöhnliche Material durch Ausstellungen, die von Katalogen begleitet werden, vorzustellen. In den großen Zimelienausstellungen ‹Erwerbungen aus drei Jahrzehnten, 1978›, und ‹Thesaurus librorum, 1983› waren die asiatischen Handschriften anteilmäßig mit herausragenden Stücken vertreten. 1982 veranstaltete die Bibliothek eine große Schau ihrer orientalischen und asiatischen Handschriften und seltenen Drucke mit der Ausstellung ‹Das Buch im Orient›, in der mehr als 100 Exponate aus Asien präsentiert wurden. In der Folgezeit fanden mehrere Ausstellungen zu Spezialbeständen statt: so 1985 zu den Tibetica der Bayerischen Staatsbibliothek, 1988 wurden japanische Preziosen gezeigt, 1991 war die Sammlung tibetischer Buchdeckel soweit angewachsen, dass man ihnen eine eigene Ausstellung widmen konnte und schließlich waren Yao-Handschriften 1999 Gegenstand der Ausstellung ‹Botschaften an die Götter›. Die Millenniumsausstellung ‹Schrift-Stücke› im Jahr 2000 war geradezu dafür prädestiniert, asiatische Objekte wegen ihrer großen Vielseitigkeit zu zeigen. So ist es nicht verwunderlich, dass fast zwei Drittel der gezeigten Objekte, die in der Ausstellung einen exotischen Akzent setzten, ihre Provenienz im Orient und in Asien haben.

Einen Höhepunkt der Öffentlichkeitsarbeit im asiatischen Bereich stellte 2005 die Ausstellung ‹Die Worte des Buddha in den Sprachen der Welt› dar, in der die Vielfalt der Handschriften aus dem gesamten buddhistischen Kulturkreis zur Geltung kam. Trotz dieser regen Ausstellungstätigkeit in einem Vierteljahrhundert ist die Bayerische Staatsbibliothek bei dieser Ausstellung imstande, fast ausschließlich noch nie beschriebene oder ausgestellte Exponate zu zeigen. Sie kann sich im Jubiläumsjahr 2008 nach 450 Jahren als eine Institution präsentieren, die kontinuierlich der Tradition verbunden fremden Sprachen und Kulturen gegenüber aufgeschlossen geblieben ist und deren Literatur seit der Gründung bis heute breit gefächert sammelt, so dass sie im 21. Jahrhundert im asiatischen und orientalischen Bereich eine Sammlung von Weltrang besitzt.

Die mit weiterführenden Literaturangaben versehenen Katalogbeschreibungen sind wissenschaftlich fundiert, doch um eines breiteren Verständnisses willen wurde weitgehend auf die Transliteration mit Sonderzeichen verzichtet.

Dr. Helga Rebhan
Leiterin der Orient- und Ostasienabteilung

KATALOG

第十喇乎拉尊者
具大雄力坐不目逃於
示怒中隨喜逍遙喜固
春溫怒亦秋肅試觀代
謝意於何屬

1 Palmblattzeichnungen aus Ostindien

Indien, Orissa, 18. Jh.
Palmblätter, 6 Bl., 5 x 32 cm. Sanskrit, Oriya-Schrift
Cod.Oriya 88

Das vorliegende Fragment einer ursprünglich umfangreicheren Palmblatthandschrift, die vermutlich Texte aus dem Umkreis der Vishnu-Mythologie enthielt, besteht aus sechs illustrierten Blättern, die auf beiden Seiten meist ganzseitige Illustrationen in Ritzzeichnungen von hoher Qualität aufweisen. Im ostindischen Orissa wurde die Kunst, auf Palmblättern durch Ritzungen mit einem Metallgriffel Miniaturen zu schaffen, die einen unverkennbaren Stil aufweisen, zu einem Höhepunkt gebracht. Das Format des Palmblattes legte dem Künstler gewisse Zwänge auf; so wirken die Figuren wegen der geringen Höhe eher gedrungen. Die vorliegenden Blätter gehören zu den Meisterwerken dieser Gattung. Die Ritzungen sind bis in winzige Details unglaublich fein ausgeführt. Typisch indisch ist die Darstellung des Kopfes im Profil mit spitzer Nase und großem Auge mit zentraler Pupille.

Auf den abgebildeten Blättern sehen wir unten (Bl. 143v) wie sich von links ein Zug von Musikern und Tänzerinnen einem Palast nähert. In diesem sitzen zwei Brahmanen, an der heiligen Schnur und am kahlen Schädel erkennbar, drei Höflingen gegenüber. Das folgende Blatt (Bl. 134r, S. 17 oben) zeigt rechts Rama und Sita, die vom Affen Hanuman verehrt werden, eine Szene also, die an das Epos Ramayana erinnert. Auf dem Blatt darunter (Bl. 133r) schließlich findet eine Vergnügungsfahrt auf dem Wasser statt. Männer und Frauen sitzen dabei streng getrennt in eigenen Schiffen.

München 1982, Nr. 169. – Pani 1984. – Patnaik 1989. – München 2000, Nr. 201, Abb. S. 219 G. G.

2 Miniaturhandschrift der Jainas

Vinayavijaya: Lokaprakasha

Indien, 1839
Papier, 416 Bl., 12,5 x 32 cm. Sanskrit, Jaina-Nagari-Schrift. Mit zahlreichen Miniaturen
Cod.sanscr. 767

Das 1708 von einem Anhänger der indischen Jaina-Religion geschaffene Werk ist eine Art Enzyklopädie, die aber nicht nur religiöse Themen behandelt. Von der Kosmographie bis zum Verhalten eines idealen Königs reicht das inhaltliche Spektrum. Diese Handschrift ist besonders reich mit Miniaturen ausgestattet, welche die unterschiedlichen Themata illustrieren. Sie sind in lebhaften Farben ausgeführt und von guter Qualität. Die Schrift ist eine speziell von Jainas verwendete Abart der Devanagari-Schrift. Letztere wird für mehrere indische Sprachen wie z.B. Sanskrit und Hindi verwendet. Die Strophenzählung wurde in Rot herausgehoben. Das Querformat der Handschrift ist beeinflusst von der Form der Palmblatthandschriften.

Auf den gezeigten Miniaturen ist höfisches Leben dargestellt. Das obere Blatt (Bl. 241r) zeigt den idealen König im Palast sitzend. Darunter einige seiner Attribute, wie Pferd, Kriegselefant und Streitwagen. Das untere Blatt (Bl. 226v) stellt eine Tänzerin und Musikantinnen dar, die den König erfreuen.

Vinayavijaya 1990 G. G.

६५

जः रवमास्सूरा अरिहंता । तवस्सूरा अणगारा । दाणस्सूरा वेस
मणा वइस्सूरा वासुदेवा ॥११॥ एष वैश्रमणः शक्रस्य लोकपालो पश्चि
ति स्फुरवान्यत्र नवस्त्वयुग्मप्रशस्ताम्नायस्ताकरः ॥१२॥ तथो
क्तं । सोमजमाणं सति नागपलियवरुणस्स ङलिदेसूणा । वे
समणस्सपलि आ एस विईजोगपालाणं ॥१४॥ चतुर्णामप्यमी
षां येषु त्रयायाः स्फक्षुजः । तेपल्यजीविनः सर्वे विमानशा
शादिवाकरैः ॥१५॥ एवं सामानिकैस्त्रायस्त्रिंशपार्षदमंत्रि
भिः । पलीभिः लोकपालैश्च सैन्यैः सेनाधिपैः स्फुरैः ॥१६॥ आ
त्मरक्षपरैर्देवी देवैः सौधर्मवासिभिः । सेवितो दक्षिणार्द्धस्य
लोकस्य परमेश्वरः ॥१७॥ यथास्थानं परिहितमौलिमालाद्य
लंकृतिः । शारदकालइव स्वच्छांबरार्के द्वज्ज्वकंदलः ॥१८॥
शक्रसागरस्तुमास्तुराज्ञे स्वैरं स्फुरवांबुधौ । मग्नो जगत्श्रमस्व
स्त्रीनाथनाट्यप्रमोदितः ॥१९॥ आश्चर्यमीहगैश्वर्यव्यास
क्तोप्यंतरांतरा । जंबूद्वीपमवधिना निरीक्षते महामनाः ॥२
०॥ संघेषु चतुर्विधेष्वाहद्गुणवंतं प्रशंसति सुराणां पर्षदि च
मत्कारस्वं चवनकंदनः ॥२१॥ दर्शदर्शी जिनाश्चायउत्कटा
सनपाङकः पंचांगस्पृष्टभूपीठः स्तौति शक्रस्तवादि

२४४

विमानस्था
१म्रा

पणसट्ठी तेरसय ॥१॥ पणसीइ इगवीसा पणसी ङुणएग चउतिसई ए
तेरससय पणसट्ठातिसई इगचउरल पइ ककहं ॥२॥ विमानेषु अथ
मध्याकारस्तस्य सर्वमध्ये उपरिकालयनं पीठिके त्पर्धः स्तस्यांस
र्वमध्येऽन्येः पंचाशीतिः प्रासादाः ॥३॥ तत्रापि विमानस्योपरिक
ालयते एक चत्वारिंशदधिकानि त्रीणि शतानि प्रासादाः ॥४॥ अ
त्रापि पंचषष्टी अधिकानि त्रयोदशशतानि प्रासादाः ॥५॥ एवं
नेदत्रयमेवेति विचारसप्ततिकावरौ एवं च आनप्स्वर्गेष्वपिक्ष्ल
प्रासादोत्पन्नपेक्षया । अर्द्धार्द्धमानः प्रासादपरिवारो विज्ञायतां
॥१५॥ अमीसमग्राः प्रासादाः वैडूर्यस्तंभशोभिताः । उत्तुंगतोरणास्त
पीठिकाबंधबंधुराः ॥१६॥ विमानस्वामिसंभोगपल्लसिंहासनां
किताः । यथार्हं तत्परिवारस्फारभद्रासनैरपि ॥१७॥ एवं सामानि
कानामपि संपक्तिशालिनां । रम्याभवंति प्रासादाः स्वर्णरत्नविनि
र्मिताः ॥१८॥ पौरस्थानीयदेवानामप्येषामप्यनेकशः । स्वस्वऋ
द्ध्यनुसारेण प्रासादाः संति शोभनाः ॥१९॥ ततएव विमानाः स्युश्शृं
गाटकैः रजंकृता । त्रिकैश्चतुष्कैरपि च सच्चत्वरैश्चतुष्पथैः ॥
२०॥ चत्वर्ईस्वैरविमहापथैः समंततोन्विताः । आकारा द्वालकवा
रवरिकाद्वारतोरणैः ॥२१॥ सर्वेषु प्रासादाद्धेश त्रान्यानवे

3 Hinduistische Rolle

Bhagavatapurana

Indien, Rajasthan, 18. Jh.
Papier, Längsrolle, 30,1 x 14 cm. Sanskrit, Devanagari-Schrift. Mit Miniatur
Cod.sanscr. 655

Prachthandschriften in Rollenform waren im Indien des 18. Jahrhunderts besonders an den Fürstenhöfen Rajasthans beliebt. Nur bestimmte religiöse Texte wurden so geschrieben. Im vorliegenden Fragment einer Rolle liegt ein Teil des 8. Buches des sogenannten ‹Bhagavatapuranas› vor, eines der beliebtesten Texte des neueren Hinduismus. In diesem Teil werden die verschiedenen Weltalter behandelt.
In geschweiften Medaillons verschiedener Größe ist der Text in minutiöser Goldschrift auf schwarzen Grund geschrieben. Die Satztrenner (‹danda›, Doppelstrich) sind in Grün eingezeichnet, die Schriftmedaillons von einer grünen Linie eingefaßt. Der Rand und der Platz zwischen den Medaillons ist vergoldet. In dem Zwischenraum ist noch feines Rankenmuster mit Blüten und Blättern aufgemalt. An beiden Rändern läuft zunächst ein Goldstreifen zwischen zinnoberfarbigen und grünen Linien. Nach außen zu folgt ein Streifen mit abwechselnden weißen und rosafarbigen Blüten und Blättern auf Goldgrund.
Am Ende des erhaltenen Stückes befindet sich eine sehr feine Deckfarbenminiatur. Sie zeigt den blaufarbigen Gott Rama mit seiner Gattin Sita. Dahinter steht der Affe Hanuman mit einem Fliegenwedel. Sie sitzen auf einem Sofa auf einer Balustrade. Den Hintergrund bildet eine weite Landschaft in glühenden Farben.

Tagare 1976–78. – Rocher 1986, S. 138–151 G. G.

4 Josephslegende

Jāmī: Yūsuf wa-Zulaikhā

Indien, Shirpur, 1715
Papier, 162 Bl., 25 x 18 cm. Persisch. Mit zahlreichen Miniaturen
Cod.pers. 446

Die Josephsgeschichte ist nicht nur eine der bekanntesten biblischen Erzählungen, sondern erlangte auch im islamischen Kulturkreis einen hohen Beliebtheitsgrad. Im Koran ist der Josephsgeschichte die 12. Sure gewidmet. Seit dem Mittelalter ist die Liebesgeschichte von ‹Joseph und Sulaicha› ein immer wieder neu gestalteter und mit Erzählungen und Anekdoten angereicherter literarischer Gegenstand gewesen, dem sich insbesondere die Sufis, die islamischen Mystiker, widmeten. Verfasser der vorliegenden, bekanntesten Version ist der berühmte persische Dichter und Sufi Dschami (gest. 1492), der die Josephsgeschichte in eine mystische Allegorie transponierte, in der Joseph und Sulaicha die Manifestation der ewigen Schönheit in der erschaffenen Welt und der Mystik verhafteten liebenden Seele personifizieren.

Die vorliegende Handschrift stammt aus dem islamischen Indien der Mogulzeit (1526–1857), dessen Herrscher das Persische als Hofsprache förderten. In persischer Tradition ist der Textanfang mit einem illuminierten Kopfstück geschmückt und der Text in Nasta'liq-Schrift in zwei gerahmte Spalten geschrieben. Auf den breiten Seitenrändern zieren über hundert Miniaturen im indischen Malstil der Mogulzeit den Text. Die Malereien stehen entweder frei oder sind in architektonische Rahmen gesetzt, die typische Elemente der Mogularchitektur zeigen. Die Miniaturen von unterschiedlicher Qualität bilden einen reizvollen Kontrast zur weniger eleganten persischen Schrift: Die Frauen in bunten Saris und die Männer mit indischem Turban und Tracht sowie die minutiös gemalten Pflanzenmotive wirken sehr anmutig. Joseph selbst ist mit einem Nimbus dargestellt, den die Mogulmalerei aus der europäischen Tradition übernommen hat. Tierdarstellungen in zum Teil unwirklichen Farben verleihen manchen Seiten eine besondere Lebendigkeit (44v, 60r, 76r). Im persischen Kolophon am Ende des Textes werden Lutf Ali als Schreiber und 1715 als Entstehungsdatum erwähnt, ein weiterer Schreibervermerk in Hindi identifiziert Shamacandra als Maler. Der Verfasser des Kolophons unterrichtet uns auch darüber, dass die Handschrift in der Regierungszeit des Mogulherrschers Farrukh Siyar (reg. 1713–1719) in Shirpur im heutigen Maharashtra entstanden ist; in einer Zeit also, als die Blütezeit des Mogulreiches vorüber war und sich die Zentralmacht längst in autonome Provinzen verlagert hatte, wo Handschriften entstanden, die nicht mehr vom Mäzenentum der Großmogulen profitierten. Gerade wegen ihrer Provinzialität und wegen des Zusammenspieles der persischen und indischen Kultur ist diese Handschrift ein bezauberndes Beispiel der späten Mogulzeit.

München 1982, Nr. 161. – Schmitz 2002, S. 1–11. – Yūsuf and Zulaykhā. In: EI²

H. R.

یکی در زلف مشکین حلقه افکند / که هستم بی سر و پا حلقه مانند
بروی من در از وصل بگشای / مکن چون حلقه بیرونم ازین جای
یکی برداشت دست نازنین را / بیالاورد ساعد آستین را
که دفع چشم بد را زان شمایل / بگردانی دست من حمایل
یکی کرد میان مو را کمر د / ز موی آسا میانی موی دگر کرد
کمر کن دست یعنی در میانم / که بر لب آمد از دست تو جانم
بدینسان هر یکی زان لاله رویان / ز یوسف وصل را می بود جویان
ولی یوسف ز خوبی تازه باغی / ازین منت گیاه او را فراغی
ولی بود آن یکسر مکر دستان / بصورت بت بسیرت بت پرستان
ولی یوسف جز این معنی نمی خواست / که گردد راه شان در بندگی راست
بر ایشان گفت هرچه از راه دین گفت / پی نفی شک اسرار یقین گفت
نخستین گفت کای زیبا کنیزان / بچشم مردم عالم عزیزان
درین عزت ره خواری مپوئید / بجز آئین دین داری مجوئید

ازین عالم برون

ازین عالم برون ما را خدایست / که ره گم کردگان را رهنمایست
گل ما از نم رحمت سرشتست / ز دانایی در ان گل دانه کشتست
که تا زان دانه برخیزد نهالی / درین بستان سرا یابد کمالی
کند سوی بلندی سر ز پستی / دهد بر میوه یزدان پرستی
پرستش جز خدای را روا نیست / که غیر او پرستش را سزا نیست
بیا تا بعد ازین او را پرستیم / که بی او هر کجا هستیم پستیم
بسجده باید او را سر نهادن / که دادت سر برای سجده دادن
جز او تا ننهد پیش کسی سر / که با او سر بود پیشش برابر
بت ار خود بت سنگین تراشد / ز مهر او دل غمگین خراشد
بود معلوم کز سنگی چه خیزد / ز معبود این چنین سنگی چه خیزد
چو یوسف از اول شب تا سحرگاه / بوعظ آن غافلان را کرد آگاه
همه لب در ثنای او گشادند / سر طاعت بپای او نهادند
یکایک را شهادت کرد تلقین / دهانی جمله شد زان شهد شیرین

5 Skizzenbuch der hinduistischen Ikonographie

Nepal, 19. Jh.
Papier, 25 Bl., 11,5 x 39 cm. Sanskrit, Devanagari-Schrift. Überwiegend Illustrationen
Cod.nepal. 80

Bei der unvollständigen Handschrift handelt es sich um das Vorlagenbuch eines Malers. In Umrissen skizziert sind die Gestalten der hinduistischen Mythologie, angefangen von Gott Shiva über die weiteren Götter bis zu Tierkreiszeichen, teilweise in verschiedenen Formen.
In jeweils vier Feldern pro Seite, die von roten Doppellinien gebildet werden, sind die Gestalten skizziert. In Worten ist oft die Farbe angegeben, in der ausgeführt werden soll, oder ein Attribut oder Fahrzeug ‹vahana› benannt.

Die einzelnen Felder sind nummeriert (Gesamtzahl 254), doch läuft diese Zählung teilweise entgegen der Blattzählung, d.h. von hinten nach vorne.
Die Abbildungen zeigen verschiedene Formen des Gottes Shiva. So ist die zweite Gestalt von links im oberen Blatt (Bl. 3r) die sogenannte Ardhanarishvara-Form, die halb männlich, halb weiblich ist.
Im unteren Blatt (Bl. 2r) sehen wir links zwei vielarmige tantrische Formen.

Kamala Vasini 1992 G.G.

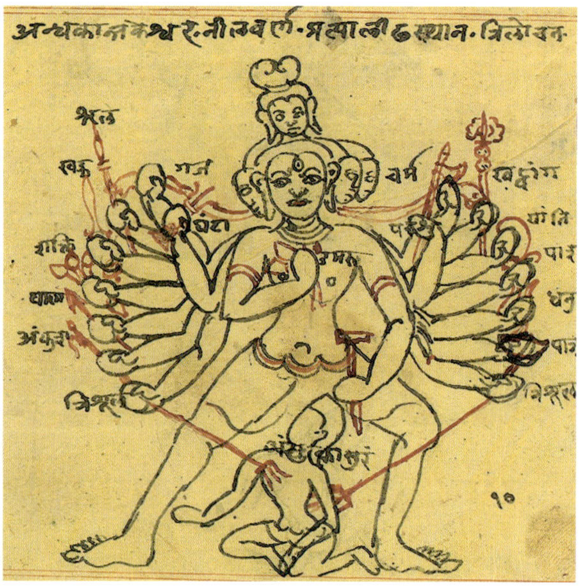

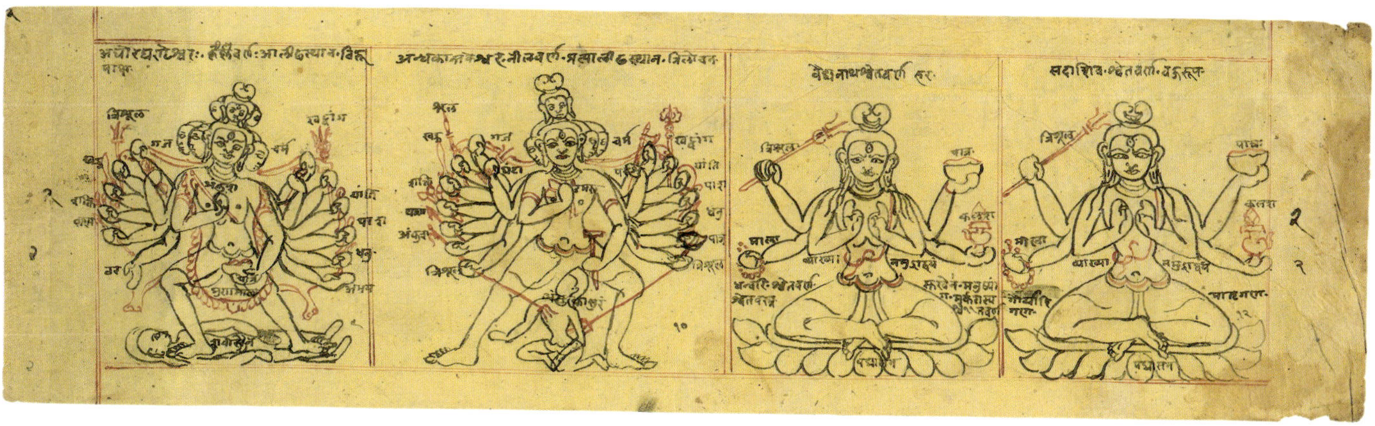

6 Jenseitsreise der Parsen

Artāk Vīrāz-nāmak

Indien, Gujarat, 1807
Papier, 1, 155, 2 Bl., 24,5 x 19,5 cm. Gujarati-Schrift. Mit zahlreichen Miniaturen
Cod.Zend 105

Es handelt sich hier um einen Text der Parsen, der Anhänger der altpersischen Zarathustra-Religion. Diese waren bei der islamischen Eroberung Persiens in zwei Wellen nach Indien geflohen und leben dort noch in Gujarat und Maharashtra. Deshalb ist der Text in einer indischen Schrift geschrieben. Nur die Anfangszeile ist auch in Awesta-Schrift und Arabisch wiedergegeben. Am Schluss findet sich eine Seite in Arabisch.
In dem Text, dessen Autor unbekannt ist, werden die Seelenreisen des Heiligen Viraz erzählt. Dieser verweilte sieben Tage im Jenseits und besuchte dabei Himmel und Höllen. Das ganze erinnert also entfernt an Dantes ‹La Divina Commedia›. Entstanden ist der Text in der mittelpersischen Epoche, als die Pahlavi-Sprache verwendet wurde.
Besonders ausführlich sind die Höllenstrafen für die verschiedenen Sünden beschrieben und auch illustriert, um die Gläubigen zu beeindrucken.
Die Handschrift ist mit vielen Miniaturen versehen, die allerdings grob gezeichnet und sehr schematisch sind. Auf den Blättern 79v–82r findet sich eine Abfolge der persischen Könige (je vier pro Seite). Auf der abgebildeten Seite (Bl. 38v) ist eine Leiter zu sehen, auf welcher der Verstorbene zur Waage seiner guten und bösen Taten aufsteigt.

Valman 1986

G.G.

रयांनां बिंदू दीठू आंम ॥ ईजदजी तमो शमज्ञायो ॥ अेरयांन जुकोम ॥
तांहांशरोशर ईजद दमनो शमज्ञायी मुजी ॥ अेरयांकनो यजदांम कीरातजीशाई ॥
॥०॥ अरदावीराफ तरणाजुदंमे ॥ चेनपदांमुलां उपर जाईउतिलां ॥०॥
॥०॥०॥ तांहां मेहेरईजद रशनो ईजदनो दीठा ॥०॥०॥

7 Königliches Divinationsbuch

Jagajjyotirmalla: Svarodayadipika

Nepal, Bhatgaon, Anfang 17. Jh.
Papier, 202, 39 Bl., 8,5 x 33 cm. Sanskrit, Devanagari-Schrift. Mit Diagrammen
Cod.sanscr. 577

Jagajjyotirmalla (1617–1633) war König von Bhaktapur (heute Bhatgaon) in Nepal, aber auch ein bedeutender Schriftsteller. So tat er sich u. a. als Dramatiker in Maithili-Sprache hervor, schrieb über Musik und Theater.
Die vorliegende Handschrift stellt einen Kommentar zu einem Text über Divination dar, Narapatijayacaryasvarodaya. In drei Teilen werden verschiedene Aspekte des Kriegszugs eines Königs behandelt, wobei die Voraussage des Erfolgs im Mittelpunkt steht. Diese wird vor allem durch Kombination von Silben erreicht. Dem dienen im Anhang zahlreiche Diagramme.

Wie in Nepal häufig ist das dicke Pflanzenpapier zum Schutz gegen Insekten mit gelber Farbe getränkt. Darüber hinaus sind die Blätter mit leichtem Gelbflitter bestreut. Dies, die sorgfältige Schrift und die exzellente Qualität der Diagramme legen die Vermutung nahe, dass hier die Kopie des Königs vorliegt. Auf den gezeigten Doppelblättern sieht man oben (Bl. 37r, S. 29 und 30/31) in dem Medaillon den König auf seinem Streitwagen, umgeben von Reiter, Elefant und Fußvolk. Das untere Blatt (Bl. 38v) zeigt zwei sogenannte Yantras, magische Zirkel, die von magischen Silben umgeben sind. Die linke Darstellung dient dazu, den Gegner zu stoppen, die rechte, ihn zu entzweien. G. G.

द्वीवपद ॥

8 Abhandlung über Katzen

Tamra Maew

Thailand, spätes 19. Jh.
Khoi-Papier, Leporello, 64 Bl., 12 x 35,7 cm. Thai, teilweise Pāli, Thai-Schrift. Mit 52 Miniaturen
Cod.siam. 121

Dem eigentlichen Text vorausgeht ein buddhistisches Gebet, eine Respektbezeugung ‹bot wai khru› an Buddha. In Form von ‹raay su phaap›-Versen folgt eine Erklärung, warum dieser Text geschrieben wurde: Der Verfasser habe in der Absicht gehandelt, Wissen über Katzen zu verbreiten. Er hoffe, dies sei Grund genug für alle Heiligen, ihn vor Unheil zu schützen, und dass er wegen dieser guten Tat immer genügend Geld zur Verfügung haben werde. Bis Anfang des 20. Jahrhunderts waren ähnliche Begründungen für das Schreiben Konvention in der thailändischen Literatur.
Die Abhandlung beginnt mit der Feststellung, das Werk sei zum Lobpreis der Katze geschrieben, die

zwei Heilige aus dem Feuer geschaffen hätten: der verehrungswürdige Kalaikot, ein hirschköpfiger Weiser aus dem Ramakien, die Glück bringenden Katzenrassen, der Eremit Tai Fai diejenigen mit reinem Stammbaum.

In ähnlichen Texten, die vermutlich auf die höfische Kultur der späten Ayutthaya-Zeit (17.–18. Jh.) zurückgehen, werden meist dieselben siebzehn Katzen, denen man Macht über Glück und Reichtum zuschreibt, und einige Unglück bringende Katzen dargestellt. Hier sind es in einer ersten Abhandlung in Prosa 15 gute, fünf schlechte Katzen und acht Hunde, in einer zweiten in ‹khlong›-Versen 18 gute und sechs schlechte Katzen.

Beide illustrierten Texte beginnen mit der Vorstellung der berühmtesten thailändischen Rassen, der Ninlarat, einer bis zu den Zähnen völlig schwarzen Katze, der kupferfarbenen Thong Daeng, der blaugrauen Dork Lao oder Korat und der Wichien-maas, in Europa gemeinhin «Siam-Katze» genannt. Die Fellzeichnungen anderer vorgestellter Rassen dürften äußerst selten sein: der weiße Aalstrich der schwarzen Pattalort oder die schwarze «Bauchbinde» der weißen Ratanakamphol.

Solche Glück bringenden Katzen muss man entsprechend pflegen. Manche Texte vermerken sogar, dass man sie aus goldenen Tellern füttern, nicht zu hastig streicheln, baden und mit duftendem Puder bestäuben soll. Auch wenn den Katzen nicht immer diese Behandlung zuteil wird, scheinen sie allgemein sehr geschätzt zu werden. Eine Katze zu töten, gilt so viel, wie einen Mönch zu töten. Streunende oder unerwünschte Tiere bringt man oft zu Klöstern, wo sie, so heißt es, die heiligen buddhistischen Schriften vor Mäusen schützen.

Eine solche unerwünschte Katze ist etwa die abgebildete getigerte Phan Phayak oder Lai Seua, die fortwährend ‹miau miau› schreit. Wer sie besitzt, wird immerzu traurig sein. Wenn sie gähnt, darf man sie auf keinen Fall ansehen, sonst werden die Eltern bald sterben. Wer eine schwarze Mutterkatze Hin Thot besitzt, die ihre Jungen erdrückt, der wird Pferde und Elefanten verlieren und von Krankheiten heimgesucht werden. Solche Katzen bringen Unglück und man muss immer darauf gefasst sein, dass man ihretwegen sein Geld verliert.

Der Text endet mit einer Widmung an Buddha, in der Hoffnung, in dieser Inkarnation ins Nibbana einzugehen.

Wenk 1963, Nr. 206–208, 210. – Wenk 1968, S. 8. – Wenk 1982b, S. 241–249. – München 1982, Nr. 205. – Hudak 1990, S. 6–10. – Pongpaiboon 1995, S. 226–227. – Clutterbuck 1998. – Negus 2006 L.O.

9 Astrologisches Handbuch

Brāhmajāti ‹Phromachaad›

Thailand, spätes 19. Jh.
Khoi-Papier, Leporello, 58 Bl., 36 x 11,5 cm. Thai. Mit Miniaturen
Cod.siam. 176

Seit dem 14. Jh. waren Brahmanen als Astrologen am Königshof von Siam beschäftigt, die jährlich offizielle Kalender erstellten und glücksverheißende Daten für Hofzeremonien berechneten. Ihr Einfluss blieb jedoch auf den Hof beschränkt. Außerhalb davon – astrologische Handbücher wurden oft in Klöstern eingesehen und kopiert – waren chinesische Praktiken vorherrschend, und Prognosen wurden nach dem zwölfjährigen Tierkreis ausgearbeitet, der im 13. Jh. aus China übernommen worden war.
Das vorliegende Handbuch beschreibt verschiedene Methoden der Horoskoperstellung und listet verschiedene Himmelserscheinungen auf, die Astrologen als gute oder böse Omen interpretierten.
Zur Horoskoperstellung wird jedes der zwölf Geburtsjahre mit seinem Tiersymbol, einem personifizierten Sinnbild, einem Glücksbaum und einem Element, von dem es regiert wird, abgebildet. Schicksal und Charakter der im Jahr der Ziege Geborenen werden von vier verschiedenen Ziegen für jeweils drei Monate dargestellt. So repräsentiert etwa die oberste graue die im fünften bis siebten Monat Geborenen. Deren Element ist pures Gold, sie sind intelligent, werden aber nie reich werden. Das personifizierte Sinnbild des Jahres der Ziege ist eine weibliche Gottheit. Sie ist dargestellt mit einem Korallenstrauch und kleinwüchsigem Bambus, in denen der Schutzgeist des Jahres residiert, und drei goldenen Gefäßen, die das Element des Jahres repräsentieren. Sechs Gruppen von Sinnbildern für jeweils zwei Monate bilden die Grundlage für eine weitergehende Interpretation durch den Astrologen, etwa eine auf einer Ziege reitende Frau oder zwei Reiter auf einem Elefanten.
Andere Formen der Horoskoperstellung erfolgen nach Klassen, die durch die Symbole Stupa, Schirm, geköpfte Person, Palast, goldener Schrein, Rahu, Devaraca (schreitende Gottheit), Gefangener mit Kang-Kragen, Hexer und Nāgarāja (König der Nagas) repräsentiert werden, oder nach Zahlen, die in die verschlungenen Körper zweier Naga-Schlangen eingeschriebenen sind.
In einem zweiten Teil der Handschrift werden verschiedene Erscheinungen der Gestirne und Wolken aufgezeigt, die als gute oder böse Omen gedeutet werden. Manche sind aus birmanischen oder kambodschanischen Texten bekannt: So das Abbild einer Leiche in der Sonne, das auf den bevorstehenden Tod des Volkes verweist, von Schwertern durchstoßene Sonnen, die Gefahr für den König prognostizieren, zwei Unglück verheißende Speere, die aus der Mondsichel herausfliegen und Wolkenformationen in Form zweier Krokodile, die von großen Chancen künden.

Quaritch Wales 1931, S. 54–61. – Ders.: 1933, S. 445, 450. – Rajadhon 1961, S. 13, 82. – Wenk 1963, Nr. 3. – Sunseng 1977, S. 57–58, 63–64. – Booth 1979–1980. – Terwiel 1981, S. 72–84. – Guy 1982, S. 66–67. – Wenk 1982, S. 247. – München 1982, Nr. 204. – Quaritch Wales 1983. – Ginsburg 1989, S. 22–28, 99. – Ders.: 2000, S. 120–29. – Cook 2002

L.O.

10 Gedichtsammlung

Thailand, 2. Hälfte 19. Jh.

Khoi-Papier, Leporello, 58 Bl., 11,5 x 36 cm. Thai, teilweise Pāli,Thai-Schrift. Mit Miniaturen

Cod.siam. 98

Mit Speckstein geschriebene Zusätze zu Beginn und Ende des Textes umreißen das Motiv, das hier auf mannigfaltige Weise literarisch durchgespielt wird: Durch das Schreiben versucht der Autor, die Trauer über den Verlust einer geliebten Frau zu überwinden. Dem Text vorausgestellt sind einige Miniaturen, die das Thema aufgreifen: Kinnarī, mythische Vogelwesen, an den Hängen des Weltberges Meru beheimatet, in der hinduistischen und buddhistischen Mythologie berühmt für ihre Sanges- und Tanzkunst und die permanente Beschäftigung mit Liebesdingen, fungieren hier wohl als Musen.

Der Donnergott Ramasun wird bis ans Ende der Zeiten Mekhalā, die Göttin des Lichts, mit seinem Begehren verfolgen. Mit ihrer Kristallkugel sendet sie Blitze gleißenden Lichts aus und blendet ihn, der krachend seine Donneraxt nach ihr wirft, um sie zu lähmen.
Phra Ram, der Held des Ramakien, der thailändischen Fassung des Ramayana, verliert seine Frau Nāng Sidā, als er einem goldenen Hirsch hinterherjagt, in den sich der Dämon Mareet verwandelt hat, um ihn von ihr wegzulocken, damit Thotsakan aus Lanka sie entführen kann.
Dichtkunst spielt eine wichtige Rolle im kulturellen Leben der Thai, bis zum Aufkommen des Buchdrucks Mitte des 19. Jhs. war klassische Literatur gleichzusetzen mit Lyrik. Eine Diskussion verschiedener Versformen findet sich in literarischen Anthologien und poetologischen Lehrbüchern ‹chănthálák›, die Schemata, Beispiele und historische Abrisse jedes Verstyps präsentieren.
Hier handelt es sich jedoch nicht um eine Poetik oder Anleitung der Dichtkunst, sondern vielmehr um eine graphische Umsetzung verschiedener Themen und metrischer Formen der Dichtung, eine Zurschaustellung der hohen Kunst eines Dichters.
In Blütenblätter eingeschriebene Wörter ergeben Gedichte, in denen die Schönheit der Frau mit der Lotusblüte verglichen wird. Gedichte in kreisförmigen Diagrammen rühmen die Schönheit des Mondes, die jedoch gegen die der geliebten Frau verblasst. In das Blattwerk eines Baumes gestreute Verse vergleichen Gedichte mit den Stimmen der Vögel.
Verschiedene lyrische Formen, etwa ein ‹khlong› im laotischen Stil, ein Gedicht über die Geburt eines Pferdes mit dem angemessen Vokabular oder eines, in dem alle enthaltenen Wörter mit dem gleichen Vokal enden, werden virtuos durchgespielt.
Diagramme aus Wörtern, die mit einem Gitternetz aus Linien verbunden sind, können entlang der Linien in jede beliebige Richtung gelesen werden. Es ergibt sich jeweils ein Text mit anderer Bedeutung. Um ihn «richtig» lesen zu können, muss man allerdings das genannte Metrum beherrschen.
Immer wieder wird jedoch das Motiv des Betrugs durch die geliebte Frau aufgegriffen und der Autor vergleicht seine Trauer mit der Abenddämmerung, mit dem Tag, der wie sein Leben zu Ende geht. Könnte es sein, dass sie zurückkehrt? Wird er sie wenigstens in der nächsten Inkarnation wiederfinden?

Dhanit 1952, S. 41–44, 150–157. – Wenk 1963, S. 53–54. – Cadet 1975, S. 29–33, 34–44. – Boisselier 1976. – Lan 1977, S.19–48. – Cooke 1980. – S. 55–57, 62–74. – München 1982, Nr. 203. – Ginsburg 1989, S. 11–12. – Hudak 1990, S. 1–44. – Pongpaiboon 1995. – Dararutana 2001 L.O.

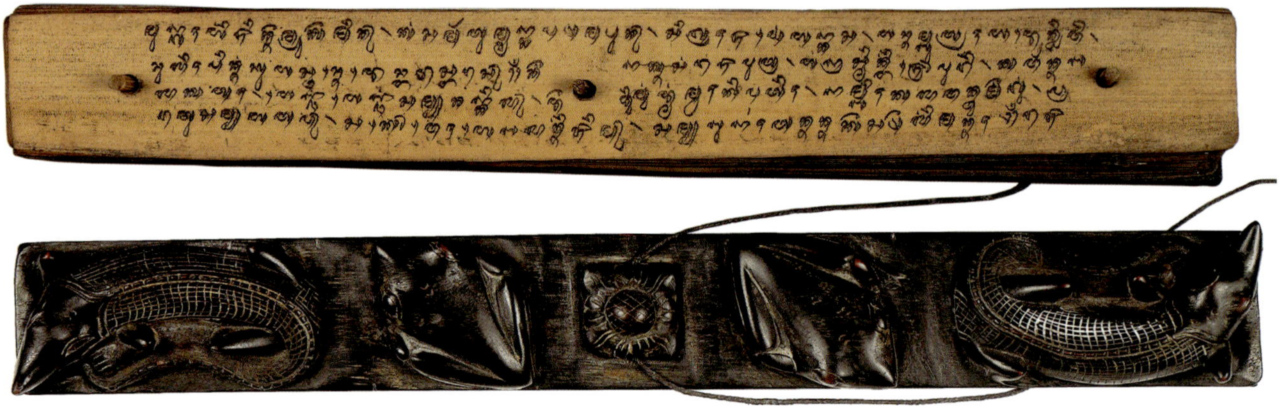

11 Palmblatthandschrift

Lontar cakepan

Bali oder Lombok, 19. Jh.
Palmblätter, 55 Bl., Bl. 1–3 fehlen, 3,5 x 27,5 cm. Ostjavanische Schrift. Mit beschnitzten Holzdeckeln
Cod.jav. 2585

Das Palmblattbündel wird zusammengehalten von zwei mit Blütenranken, Fröschen und Krokodilen beschnitzten Holzdeckeln ‹cakep› und einer Schnur, an deren Ende eine chinesische Münze ‹kepeng› der Qianlong-Zeit (1736–96) aus der Münzstätte der Präfektur Yunnan eingeknotet ist. Die Befestigung der Palmblätter erfolgt durch drei lose in die Innenseite der Deckel eingesteckte Holzstäbchen. Die Blätter sind dazu an drei Stellen perforiert – in der Mitte leicht nach links versetzt, damit sie nicht falsch aufgesteckt werden können.
Sprache, Religion, Kunst und Literatur in Java und Bali, die vom 10. bis 15. Jh. durch enge politische Beziehungen verbunden waren, waren stark von hinduistischen und buddhistischen Vorstellungen geprägt. Als im 15.–16. Jh. der Islam sich im indonesischen Archipel verbreitete, blieb nur die balinesische Kultur weitgehend davon unberührt. Altjavanisch, lange Zeit Gelehrten- und Literatursprache in Sunda, Madura, Bali und Lombok, starb als gesprochene Sprache aus, und auch die auf indische Vorbilder zurückgehende javanische Schrift ist heute obsolet. Eine gerundete ostjavanische Form, die in der Majapahit-Zeit im 14. Jh. nach Bali gelangte und sich bis heute nicht wesentlich verändert hat, wird dort weiter in Handschriften aus Blättern der Palmy-

rapalme ‹lontar› für ‹kawi›-Texte verwendet, die in Java selbst nicht mehr tradiert werden. ‹Kawi›, poetische Sprache, ist eine Bezeichnung für Altjavanisch und die verwandten Idiome Mitteljavanisch und Balinesisch.

Die Größe der ‹lontar›-Blätter und der Bearbeitungsaufwand für eine Handschrift sind bestimmt von einem hierarchischen Status der Texte: Die längsten sind religiösen oder literarischen Werken vorbehalten. In einem langwierigen Herstellungsverfahren werden die Blattrippen entfernt, die Blätter wiederholt getrocknet, eingeweicht, gepresst, gereinigt und geglättet, anschließend zugeschnitten und perforiert, die Kanten poliert und koloriert. In die mit einem Messer eingeritzten Schriftzeichen wird der besseren Lesbarkeit willen eine schwarze Paste aus verbrannter Lichtnuss und Kokosöl gerieben.

Neben persönlichen, geschäftlichen, administrativen Aufzeichnungen, Briefen, juristischen Kodices, medizinischen Schriften, Handbüchern für technische Belange, Divination und Kalenderwesen werden philosophische und religiöse Abhandlungen ‹tutur›, Texte mit genealogisch-historischem Charakter ‹babad› und literarische Stoffe, vor allem Prosafassungen von Sanskrit Epen ‹parwa›, epische Dichtung in Sanskrit-basierten Metren ‹kakawin› und ‹kidung›-Dichtung in indigenen Metren auf ‹lontar› festgehalten.

Die ebenfalls auf ‹lontar› und ab dem 18. Jh. in der gerundeten ostjavanischen Schrift tradierte Literatur der indigenen Sasak auf Lombok, das im frühen 16. Jh. islamisiert wurde, jedoch im 18. und 19. Jh. unter balinesischer Herrschaft stand und seitdem über einen größeren balinesischen Bevölkerungsanteil verfügt, blieb inspiriert von der arabischen Tradition aus Java und Malaysia.

Holle 1882. – Pigeaud 1975, S. 57–79. – van Naerssen 1977, S. 43–48, 83–84. – Fisher 1990, S. 242–246. – Gallop 1991, S. 73–77, 103. – Hinzler 1993. – Creese 1996. – Rubinstein 1996. – van der Meij 1996. – Marrison 1999. – Creese 2001. – Marrison 2002. – Austin 2006 L.O.

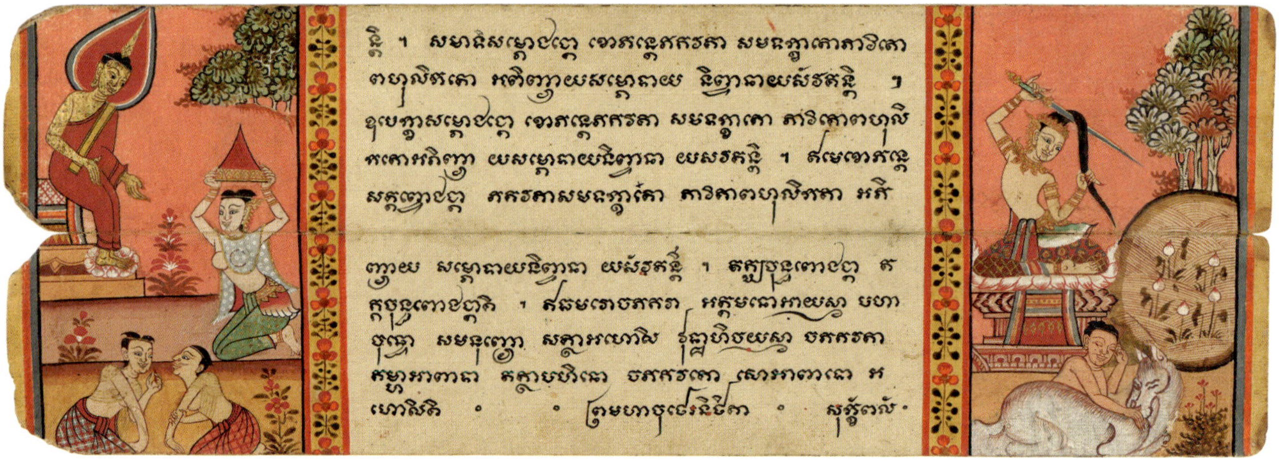

12 Auszüge aus dem Abhidhamma-Pitaka

Thailand, frühes 19. Jh.
Khoi-Papier, Leporello, 63 Bl., 11 x 61 cm. Pāli, Khom-Schrift. Mit 32 Miniaturen
Cod.siam. 19

Die Handschrift enthält Auszüge aus den sieben Büchern des Abhidhamma-pitaka, des letzten der drei «Körbe» des buddhistischen Kanons der Theravāda Schule: Dhammasangani, Vibhanga, Dhātukathā, Puggalapannati, Kathāvatthu, Yamaka und Mahāpatthana. Kurze Passagen aus den beiden anderen Körben Vinaya Pitaka (Phra Vinaya) und Sutta Pitaka (Phra Sutra) und zwei längere kanonische Texte, Phra Sahassanaya und Phra Mahābuddhagunā, folgen. 32 Miniaturen, die sich jeweils über ein Blatt thailändischer Zählung (zwei sichtbare Seiten der geöffneten Handschrift) erstrecken und von Randleisten mit Blütenborten begrenzt werden, sind paarweise zu beiden Seiten des Schriftfelds angeordnet, ohne erkennbaren Zusammenhang zum Text. Sie zeigen Landschaften aus den Himalaya-Bergwäldern, dem nördlichen Teil der Menschenwelt Jambudvīpa, Schlüsselszenen aus der Legende des Mönchs Phra Malai, aus der Erzählung von Vessantara und aus dem letzten Leben des historischen Buddha.

Bei Begräbnissen, Hochzeiten und jährlichen Festen wird die moralisierende Geschichte des Mönchs Phra Malai rezitiert, in der die Konsequenzen eines guten oder schlechten Lebenswandels drastisch dargestellt werden. Phra Malai besucht Himmel und Hölle und trägt die Warnungen der in der Hölle Wiedergeborenen und die Botschaft des zukünftigen Buddha Metteyya vom Niedergang der Menschheit zurück in die Menschenwelt.
Dargestellt sind typische Szenen, wie die Schenkung von Lotusblüten durch einen armen Waldarbeiter, die Verehrung des Schreins im Tāvatimsa-Himmel, in dem der Haarknoten Buddhas aufbewahrt wird, der Besuch verschiedener Höllen und Begräbnisszenen, etwa Mönche, die vorschriftsmäßig Texte für das Totenritual rezitieren, andere in ungebührlicher Haltung, rauchend und unrasiert, und Personen, die sich die Zeit der Totenwache mit Brettspielen und lebhafter Unterhaltung vertreiben. Zwei Szenen stellen die Meditation über dem Leichnam in verschiedenen Stadien des Verfalls dar, die die Vergänglichkeit des eigenen Körpers bewusst machen soll.
Das Vessantara Jātaka (‹Maha Wetsandon Chadok›), die Geschichte der vorletzten Inkarnation Buddhas, die die Tugend der vollkommenen Großzügigkeit versinnbildlicht, berichtet vom Kronprinzen von Sivi, der seine privilegierte Stellung aufgibt, seinen gesamten Besitz und schließlich seine Kinder und seine Frau verschenkt.
Vier Szenen sind dem Leben des historischen Buddha gewidmet, seiner Geburt in Lumbini unter einem Salbaum, der Verehrung des Neugeborenen durch Indra, den Herrscher des Tāvatimsa-Himmels, der Entsagung der Welt und der Opfergabe der Sūjata. Die Abbildung rechts (S. 40) zeigt Siddhartha, der sich am Ufer des Flusses Anoma das Haar schneidet und der Welt entsagt, seinen trauernden Stallburschen Channa und sein Lieblingspferd Kanthaka, das an gebrochenem Herzen sterben wird. Links nimmt der Bodhisattva, der nach Jahren der Askese dem Hungertode nahe ist, von Sūjata Milchreis an und erkennt, dass ein Mittelweg zwischen extremem Luxus und Askese zur Erleuchtung führen wird.

Denis 1965, S. 329–38. – Wray 1972, S. 93–193. – Dufey 1972, Nr. 2–4. – Boisselier 1976. – München 1982, Nr. 200. – Ginsburg 1989, S. 44–82. – Denis 1993, S. 1–65. – Collins 1993, S. 65–97. – Brereton 1993, S. 141–145. – Brereton 1995. – Kuanpoonpol 1995, S. 186–197. – Ginsburg 2000, S. 54–111. – Ders.: 2004, S. 95–109.

L.O.

13 Palmblatthandschrift aus Ceylon

Ayurveda

Ceylon, 19. Jh.
Palmblätter, 128 Bl., 5 x 34,5 cm. Singhalesisch. Mit vergoldeten Deckeln
Cod.singh. 294

Die vorliegende Palmblatthandschrift mit vergoldeten Deckeln enthält einen Text zum Ayurveda, der traditionellen indischen Medizin. Ayurveda «Wissen vom Leben» ist eine Kombination aus empirischer Naturlehre und Philosophie, die physische, mentale, emotionale und spirituelle Aspekte einbezieht, die wichtig für die Gesundheit bzw. Krankheit sind. Dadurch hat Ayurveda einen ganzheitlichen Anspruch. Die Grundtexte des Ayurveda wurden aus Indien nach Ceylon übernommen, wo eigene Werke dazu entstanden. Ein solches liegt hier auf Palmblätter geritzt vor.
Das Besondere dieser Handschrift sind ihre vergoldeten Deckel, in die vorne zwölf und hinten zehn, abwechselnd rote und blaue Edelsteine eingesetzt sind. Die künstlerische Gestaltung der Deckel leitet sich von den üblicherweise bemalten Holzdeckeln ab. Um den Rand läuft ein Lotusblattfries. Im Mittelfeld sehen wir Rankenwerk, um die Schnurlöcher einen Kreis von Blütenblättern. Rechts und links außen ist jeweils ein Elefant dargestellt. Auf dem Unterdeckel finden sich nur florale Ranken. Die Schnur, die Blätter und Deckel zusammenhält, besteht aus Goldfäden.
Diese reiche Ausstattung deutet darauf hin, dass die Handschrift ehemals im Besitz eines hochrangigen Priesters eines Klosters war.

München 2005, Nr. 130 G.G.

14 Buddhistische Ordensformulare

Agghasamodhāna-kammavācā

Birma, Shan-Gebiet, 2. Hälfte 19. Jh.
Elfenbein, 7 Tafeln., 10,5 x 54 cm. Pāli, birmanische Tamarindensamenschrift. Mit vergoldeten Lackdeckeln
Cod.birm. 104

Die vergoldeten und rot lackierten Holzbuchdeckel ‹kjan:› dieser unvollständigen Kammavācā-Handschrift sind, ebenso wie die Rückseite der ersten Schrifttafel, mit Rosetten, ‹hin:tha› (heilige Gans)-Motiven, Reihen herzförmiger Palmblätter und Lotusknospen verziert. Zwei der Schrifttafeln sind flankiert von breiten, vertikalen rotgoldenen Dekorfeldern, die anderen fünf Tafeln haben ein breiteres Schriftfeld und schmalere, lediglich mit Palmblattmotiven verzierte Ränder. Die Schriftzeichen sind mit schwarzem Lack gemalt, der zu einer dicken gummiartigen Masse verkocht wurde.
Seit dem 17. Jh. waren mit Lack versteifte und mit Zinnober gefärbte Stoffbahnen aus abgelegten königlichen Gewändern oder Mönchsroben als Beschreibstoff für Kammavācā ‹ka̱ma̱ wa› üblich. Das kostbare Elfenbein wurde erst während des 18. oder 19. Jhs. als Beschreibstoff eingeführt und lässt auf einen reichen Spender schießen, der die Handschrift anlässlich einer Mönchsordination einem Kloster vermachte. Die Zahl der Zeilen (8–9 pro Tafel) und die Orthographie lassen auf eine Herkunft aus dem Shan-Gebiet des späten 19. Jhs. schließen.

Kammavācā-Texte bestehen aus mehreren ‹khandakas›, Auszügen aus dem Vinaya Pitaka, dem «Korb der Ordensregeln» des Tipitaka. Es handelt sich um Formulare für offizielle Akte des Ordenslebens, wie die Ordination von Novizen, Verleihung von Mönchsroben, Grenzziehungen eines Klosters, Namensverleihungen u.ä, die bestimmte Formeln, Reden und Formulierungen für diese Anlässe vorgeben.
Bei dem vorliegenden Text handelt es um eine Vorlage für Mönche, die mehrere Vergehen begangen und verheimlicht haben, und nun um die Verhängung einer gleichzeitigen Strafe ‹parivāsa› für diese Vergehen ersuchen. Nach Ablauf der Strafe kann durch die Mönchsversammlung eine Rehabilitation ‹abbhāna› erfolgen, wenn der Sünder in der gehörigen Form anfragt.

Baynes 1892. – Scott 1910. – Gangoly 1937. – Bechert 1979, S. XVII. – München 1982, Nr. 209 – 211. – Wachirayanawarorot 1983, S. 341– 50. – Fraser-Lu 1985, S. 100–101. – Singer 1993. – Ferrars 1996, S. 12–21. – Pruitt 1998. – Ñānadassana 1999. – München 2000, Nr. 34, Nr. 200. – Peters 2000, Nr. 817. – Pruitt 2001. – Thanissaro 2002. – München 2005, Nr. 131–132. – Payer 2006

L.O.

15 Königliche Pflugzeremonie

pa̱ra̱bai’

Birma, spätes 19. Jh.
Papier, Leporello, 28 Bl., 29 x 10,5 cm. Birmanisch. Miniaturenzyklus
Cod.birm. 285

Jeweils über mehrere Lagen sind militärische Vorführungen anlässlich der Pflugzeremonie, die die birmanischen Könige zu Beginn der Ackerbauperiode durchführten, abgebildet.
Elefantenbataillons stellten den wertvollsten Teil der birmanischen Armee dar und jeder der Elefanten, die hier in einer ersten Szene in einem Schaukampf ‹hsin tai’pwe: poun› vor königlichen Zuschauern dargestellt werden, wurde begleitet von einer Gruppe von Soldaten, die auch hier mitwirken: Mahout, Schütze und flankierende Fußsoldaten.
Die zweite Szene mit der Legende ‹min ga̱la le htun poun› zeigt die königliche Pflugzeremonie, die in südost- und ostasiatischen Kulturen im Zusammenhang mit einem sakralen Königtum stand und die Fruchtbarkeit der Felder gewährleisten sollte. In der berühmten Glaspalast-Chronik wird schon für das 6. Jh. davon berichtet, dass ein König dabei ums Leben kam, weil die Ochsen durchgingen.
Und noch 1941 führte Premierminister U Saw, sonst eher bekannt für seine Rolle bei der Ermordung des Nationalhelden Aung San, das Ritual durch, um seinen Machtanspruch zu verdeutlichen. Hier steht der König in militärischer Uniform unter weißen Schirmen auf dem Pflug hinter zwei geschmückten Rindern und pflügt eine kreisförmige Furche in das heilige Feld.
Die abgebildete Lanzenstoß-Zeremonie ‹se’htou: pwe: to poun› zeigt prächtig gekleidete Offiziere der Kavallerie, die im Vorbeireiten mit Lanzen auf Zielscheiben einstoßen. Vor der Bühne mit dem König, seinen Frauen und Ministern liegen als Preise Ballen wertvoller ‹achei’›-Stoffe ausgebreitet.
Wie auch die militärischen Einheiten stand ein ständiges Musikensemble ‹si do› im Dienst der Krone. Hier ist jedoch ein späteres ‹hsain wain›-Ensemble dargestellt, mit einem Trommelspiel ‹pa’wain› an einer Ringbalustrade, einem ähnlich aufgebauten Gongspiel ‹kjei: wain›, einer Fasstrommel ‹si dou›, zwei Oboen ‹hne:›, einem Becken ‹lin: gwin:› und fünf Bambusklappern ‹wa:le’khou’›.
Auch bei der Zeremonie des Durchschneidens von Bananenbäumen und Aufspießens von Pomelos ‹nga̱pjo:pin khou’ poun shau’thi: htou: poun› spielt ein ‹hsain wain›-Ensemble vor dem König und seinen Damen und Ministern, während Reiter mit langen Lanzen Pomelos aufspießen und andere mit Säbeln Bananenbaumstümpfe umschlagen, ohne dass die darauf stehenden Wassertöpfe herunterfallen.

Bastian 1867, S. 305–308. – Shway Yoe 1896, S. 255–60, 492–503. – Temple 1910, S. 35. – Sachs 1917, S. 6–21, 36–37. – Quaritch Wales 1931, S. 256–264. – Armstrong 1943. – Luce 1960, S.51. – Frazer 1963, Vol. 3, 5,1, 5,2. – Harvey 1967, S. 295, 362–63. – Taylor 1976, S. 179–180. – Kirk 1978, S. 386–394. – Guy 1982, S. 62. – Garifas 1985, S. 3–6, 17–21. – Herbert 1993, S. 26–27, 83–84. – Spiro 1997, S. 32–33. – Herbert 1999, S. 90–91. – Peters 2004, Nr. 964 L.O. und N.Y.

စက်ထိုးပွဲတော်ပုံ

16 Papieramulett

Phuin phe ce āṅ

Birma, Shan-Gebiet, 19.–20. Jh.
sā-Papier, 1 Bl., 39 x 39 cm. Birmanisch und Pāli, Shan-Schrift. Mit Miniaturen
Cod.birm. 260

Das Schicksal eines Menschen wird bei Birmanen und Shan – einer Reihe ethnischer Gruppen in Nord-Myanmar, die sich selbst als Tai bezeichnen – nach dem Geburtshoroskop berechnet. Dazu werden der Wochentag und die Planetenpositionen aufgezeichnet, so dass jederzeit ein aktuelles Horoskop erstellt werden kann. Grunddiagramm für das Horoskop ist ein Quadrat mit neun Feldern ‹in: gwe'›, deren mittleres zum Eintrag für die Geburtsdaten leer bleibt. Jedes weitere Feld wird mit einer Himmelsrichtung, einem Planeten, einem Tiersymbol und einem Wochentag assoziiert. Diese astrologischen Grunddiagramme können auch als Vorlagen für schützende Tätowierungen oder Amulette dienen.
Im Zentrum dieses Schutzamuletts steht ein ‹in: gwe'›-Diagramm mit 9 x 9 Feldern, die mit Zahlen, Pāli-Mantras und Gebetsformeln gefüllt sind. Davon strahlen in alle Himmelsrichtungen acht kleinere Quadrate und Buddhafiguren auf den Reittieren, die üblicherweise den Planeten-Gottheiten vorbehalten sind, aus.
Der Freitagsplanet des Nordens Venus reitet normalerweise auf einem Meerschwein (hier offensichtlich ein Hase); der Sonntagsplanet des Nordostens Sonne auf Garuda ‹ga̱loun›; der Montagsplanet des Ostens Mond auf einem Tiger; der Dienstagsplanet des Südostens Mars auf einem mythischen Löwen ‹ma̱nou'thi ha›; der Mittwoch Vormittagsplanet des Südens Merkur auf einem Elefanten mit Stoßzähnen; der Samstagsplanet des Südwestens Saturn auf einer Naga (hier in menschlicher Form); der Donnerstagsplanet des Westens Jupiter auf einer Ratte; der Mittwoch Nachmittagsplanet des Nordwestens Rahu auf einem Elefanten ohne Stoßzähne (hier möglicherweise auf Mara, der von Buddha unterworfen wird).
Diese acht Planeten regieren die Lebensphasen einer Person nach einer bestimmten Reihenfolge, so etwa die Sonne sechs Jahre lang, der Mond 15 Jahre usw., bis zu einem Lebensalter von 108 Jahren. Für jede Person beginnt dieser Zyklus beim Geburtsplaneten, für eine am Sonntag geborene also bei der Sonne im Nordosten, um dann nach sechs Jahren zum Planeten des Ostens fortzuschreiten. Entsprechend muss beim Eintritt in eine neue Lebensphase oder bei wichtigen bevorstehenden Unternehmungen individuell für jede Person ein neues Horoskop oder Schutzamulett angefertigt werden.
Es versteht sich von selbst, dass es sehr sorgfältig ausgeführt werden muss, damit es wirksam ist. Klein gefaltet wird es dann bei Bedarf, etwa bei Reisen, geschäftlichen Verhandlungen oder bei Verabredungen mit dem anderen Geschlecht, am Körper getragen.

Temple 1910, S. 28–29. – Maung Htin Aung 1962, S. 11–18. – Sangermano 1966, S. 15, 145–148. – Terwiel 1975, S. 16, 75–94. – Quaritch Wales 1983 S. 40–47. – Blau 1994. – Terwiel 2003, S. 7–34, Nr. 205. – Crowther 2004. – Solibakke 2007

L.O. und N.Y.

17 Astrologisches Handbuch

ne’kha’ bei din

Birma, spätes 18. Jh.
Papier, Leporello, 42 Bl., 13,8 x 40 cm. Birmanisch. Mit Miniaturen
Cod.birm. 168.

Der Haupttext, der für eine Frau Mje’ Thei: geschrieben wurde, zeigt Darstellungen von Gestirnen und Wolkenformationen mit einer kurzen Interpretation. Die Prognosen sind meist ungünstig; harmlos nimmt sich noch jene aus, die besagt, man möge Vorsicht walten lassen, wenn Flecken in der Sonne sichtbar werden. Wenn sie im Süden aufgeht, droht ein Sturm, ist sie halb grün, zu viel Regen. Erscheinen Formen wie rosa Regenbogen, Tiere oder Menschen in der Sonne, sind Katastrophen zu erwarten. Den Bürgern wird es schlecht ergehen, wenn seitliche Wolkenfetzen von ihr abstehen, und ist sie von Sprüngen durchsetzt, steht die Zerstörung des Reiches bevor.
Viele der Voraussagen sind auf den König bezogen: wird die Sonne doppelt am Himmel gesichtet, steht dem Land ein schlechter König bevor, erscheint sie als gelbrotes Feuerrad, wird der König Schaden erleiden, erscheint sie mit königlicher Kopfbedeckung, wird er gar getötet. Umgekehrt war es auch üblich, himmlische Erscheinungen, die von den indischen Hofastrologen ‹poun na:› beim Tod eines Königs beobachtet wurden, in Chroniken aufzuzeichnen.
Immerhin gibt es auch günstige Prognosen: leuchtet die Sonne im Verlauf des Auf- oder Untergangs in verschiedenen Farben, wird genügend Regen fallen, ist sie von strahlenförmigen Wolken umgeben, hat der König etwas zu lachen, und sieht sie aus wie eine Lotosblüte, ist es das beste denkbare Omen.
Nachträge zeigen Darstellungen der Weltgegenden, eine 1825 datiert, astrologische Tabellen und eine Darstellung des Zodiakus ‹ja dhi jou’›, die den Einfluss der chinesischen Astrologie bezeugt.
Schwarze, mit Speckstein beschriftete Faltbücher enthalten oft verschiedenste Dokumente. So hier die Aufzeichnung eines Gerichtsprozesses um Erbstreitigkeiten, eine Liste von Ersatzleistungen für nicht bezahlte Steuern, eine von Mönchen 1911 bezeugte Erklärung über die Aufteilung des Vermögens aus einer Erbschaft und das Urteil in einem Prozess um die Beanspruchung der Ernte des Jahres 1761 von einem bestimmten Grundstück, das in Pau’ kan’ in Zentralbirma durch das rituelle Essen von gepökeltem Tee ‹la hpe’ sa:› besiegelt wurde.
Wiederholt ließen die birmanischen Könige der Konbaung Periode (1752–1885) Steuererhebungen durchführen. Lokale Verwaltungsbeamte, die auch verantwortlich für die Steuereintreibung und die Klärung juristischer Angelegenheiten waren, hatten entsprechende Aufzeichnungen ‹si’tan:› aus ihrem Bezirk abzuliefern. Ein solcher Bericht des Schreibers U: Tha Tou: über Bevölkerung, Besitzverhältnisse, bewirtschaftete Flächen, Viehbestand, Steuerbeträge und Arbeitsdienste für die Orte Njaun kan und Kan la.ja findet sich in dieser Handschrift.

Shway Yoe 1896, S. 504–533. – Temple 1910, S. 28–29. – Luce 1960. – Sangermano 1966, S. 141–145. – Sunseng 1977. – Trager 1979, S. 1–60. – Quaritch Wales 1983, S. IX, 40–47. – Ferrars 1996, S. 164–168. – Committee 2002. – Peters 2004, Nr. 956.

L.O. und N.Y.

18 Astrologisches Notizbuch

Pap tup

Birma, 1881
sā-Papier, Leporello, 13 Bl., 15 x 40 cm. Pāli und Birmanisch, Tai Yai-Schreibung
Cod.birm. 207

Die Handschrift enthält einen Text zur Einladung von buddhistischen Gottheiten und eine Serie von kolorierten astrologischen Diagrammen mit Darstellungen des Arahants Sivali Thera (Shin Thiwali), eines Symbols für Wohlstand, und von Ungeheuern ‹bilu›. Das Schicksal eines Menschen wird in Birma und im Shan-Gebiet nach dem Geburtshoroskop ‹za ta›, dem Stand der Planeten zum Zeitpunkt der Geburt, berechnet. Grunddiagramm für ein Horoskop ist ein Quadrat mit neun Feldern ‹in: gwe'›. Jedes Feld wird mit einer Zahl, einer Himmelsrichtung, einem Wochentag, einem Planeten und einem Tiersymbol assoziiert. Das mittlere Feld bleibt vorerst leer. So werden die am Freitag Geborenen mit der Zahl Sechs, dem Norden, der Venus und dem Meerschwein assoziiert, und eine von sieben tradierten Konstellationen des Quadrats stellt ihr «astrales Thema» dar.
Vor wichtigen Unternehmungen und in neuen Lebensphasen, die periodisch von den Planeten bestimmt werden, sucht man einen Astrologen auf, lässt in das freie Feld des Diagramms die eigenen Geburtsdaten eintragen, daraus ein aktuelles Horoskop erstellen und Methoden eruieren, um das Schicksal aufzubessern. Trägt man die Daten einer anderen Person in ein solches ‹in: gwe'› ein, kann man auf sie Einfluss nehmen. Seine Wirkung entfaltet es, wenn es auf eine Kerze aufgeklebt oder zusammengerollt und in Wachs getaucht verbrannt wird.
Das «Kerzendiagramm» ‹mi: htun: in:› auf der linken Seite erhält seine Wirkkraft aus der Verbindung mit heiligen Bestandteilen. Es ist umformt von buddhistischen Pāli-Mantras und in das knospenförmige Diagramm an seiner Spitze sind Silben eingetragen, die auf den historischen und zukünftigen Buddha anspielen. Zwei freie Stellen sind für den Eintrag der eigenen oder fremder Geburtsdaten vorgesehen, um sich zu schützen oder Schaden zuzufügen.
Schutzfunktion hat ein figürliches Diagramm ‹bilu mi: dain› mit einem weiblichen Ungeheuer ‹bilu ma.›, mit in den Körper eingeschriebenen Mantras und Anweisungen in Versen ‹linga›, die sich von Handschellen befreit. Einer ähnlichen Logik gehorcht ein ‹bilu mi: dain› mit einer kauernden Figur, deren Körper aus Quadraten besteht, mit einem Säbel und einem Hammer in den Händen. Es soll vor Verletzungen bei Angriffen schützen.
‹Bilu mi: dain› mit männlichen ‹bilu›, die Dolche in beiden Händen halten, von heiligen Silben, Wörtern wie ‹naga› oder ‹bilu› oder viel sagenden Äußerungen wie «ich gehe zur Hölle» umrahmt sind, wehren jegliche Gefahr ab.
Das zwischen all den Ungeheuern etwas harmlos wirkende Diagramm mit dem nackten Mann ist dazu gedacht, anderen Schaden zuzufügen.

Shway Yoe 1896, S. 1–13. – Temple 1910, S. 28–29. – Sangermano 1966, S. 145–147. – A.shin Jaiwa.ta 1966, S. 223–236. – Hsa̰ya Kji 1966. – Quaritch Wales 1983, S. 40–47. – Blau 1994. – Ferrars 1996, S. 13, 41, 126–127, 158. – Terwiel 2003, S. 33–34, Nr. 164. – Maung Paw 2007 L.O. und N.Y.

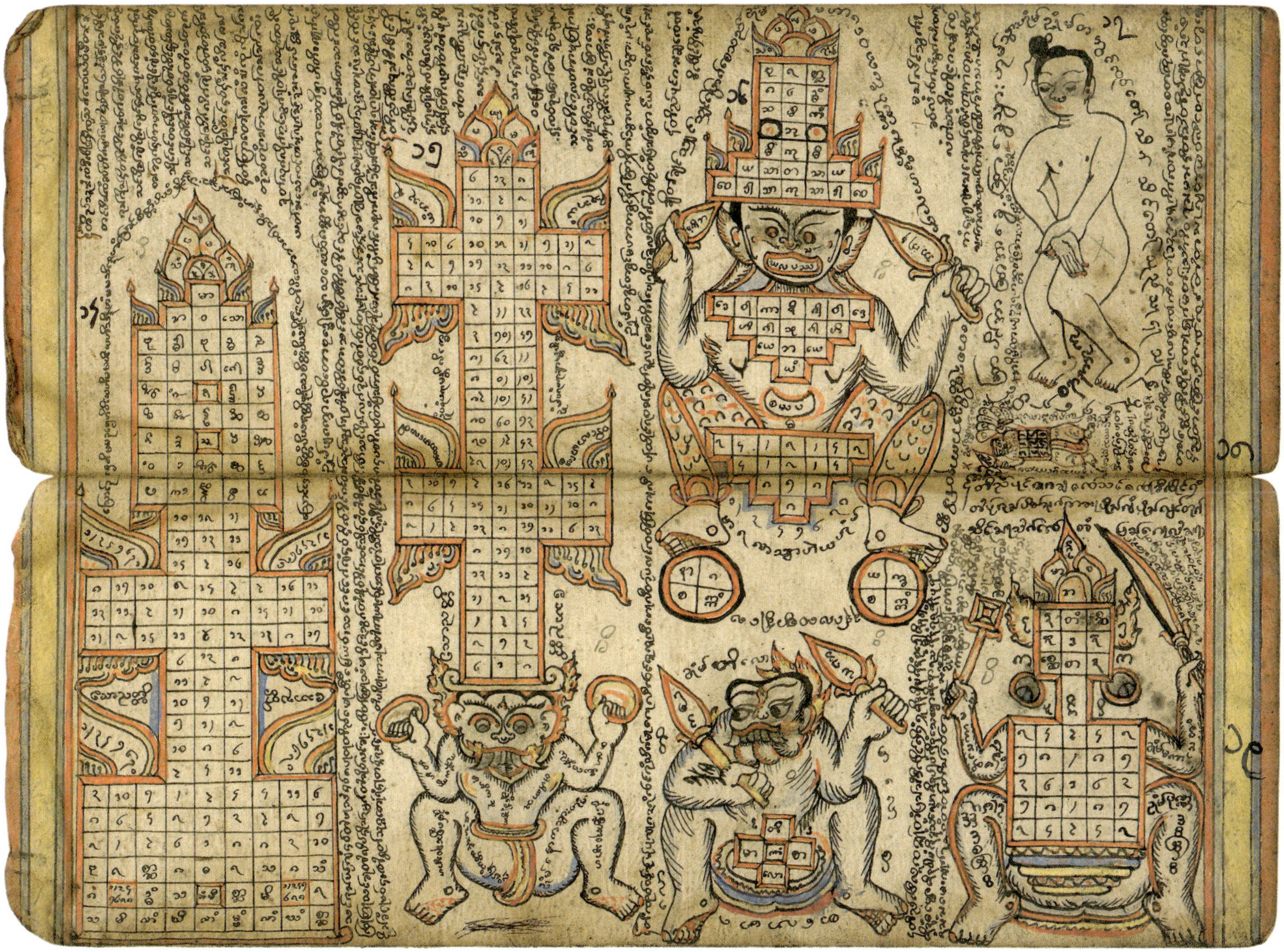

19 Tibetischer Buchdeckel

Tibet, 16./17. Jh.
Holz, 21 x 69 x 3 cm. Geschnitzt und farbig gefasst
Cod.tibet. 784

Die ungebundenen Blätter der großformatigen kanonischen Texte Tibets lagen üblicherweise zwischen zwei Holzdeckeln, die meist reich geschnitzt und bemalt waren. Bei vorliegendem Deckel, wahrscheinlich einem Oberdeckel, ist die Innenseite, die zum Buchblock zeigt, mit vertieftem, aber flachem Schnitzwerk versehen.
In der Mitte sehen wir in einem ausgearbeiteten Thronbogen den Bodhisattva Manjushri sitzen. Er führt mit den Händen die Dharmacakra-mudra aus und hält einen Lotus, auf dem ein Schwert steht, sein Kennzeichen. Am Kopfputz sind abstehende Bänder zu sehen. Seine Bedeutung ist noch dadurch hervorgehoben, daß der Hintergrund der Gestalt vertieft ist.
Links (vom Betrachter aus, Detail S. 57) sitzt der Bodhisattva Vajrasattva. Die rechte Hand hält einen Vajra, die Linke liegt mit einer Glocke an der Hüfte. Rechts ist Manjushri in seiner Form als Siddhaikavira zu sehen. Die Rechte zeigt die gabenspendende Handstellung, während die linke Hand einen geschlossenen, also blauen Lotus hält.
Das Rankenwerk zwischen und um die Figuren geht meist aus Tieren hervor. Zwischen den Gottheiten

sitzen zwei Löwen, deren Schwänze in Rankenwerk übergehen, links und rechts außen sind es Gänse. Unten wieder sieht man in der Mitte zwei Schneelöwen und oben ein Kirtimukha, einen Dämonenkopf. In die oberen Ranken sind die acht Glückszeichen eingefügt.
Die Außenseite des Deckels ist mit Goldlinienmalerei auf rotem Grund bemalt. Auf den erhöhten mittleren Teil wurden sieben Lotusblüten in runde Rankenmedaillons gemalt. Zu den Ecken laufen erhöhte Stege. Ein, in Bezug auf die Außenseite, eng verwandter Deckel befindet sich im Staatlichen Museum für Völkerkunde München.

München 1982, Nr. 183. – München 1991 G.G.

20 Lamaistischer medizinischer Blockdruck

Ye-shes-bstan-pa'i-rgyal-mtshan, 4. lCang-skya Hutugtu: Dri med shel phreng-nas bshad-pa'i sman-gyi 'khrungs dpa mdzes mtshar mig rgyan

Mongolei, 19. Jh.

Blockdruck auf Papier, 34 Bl., 12 x 56 cm. Tibetisch. Überwiegend kolorierte Holzschnitte
Cod.tibet. 807

Die medizinische Literatur Tibets basiert auf den Werken des indischen Ayurveda. Von Tibet aus kam sie mit der buddhistischen Lehrvermittlung auch in die Mongolei. In diesen Ländern entstanden dann eigene Werke, welche auch die einheimische Praxis einbezogen. Ein sehr wichtiger Text ist das ‹Shel gong› von De'u-dmar dGe-bshes bsTan-'dzin-phun-tshogs (geb. 1672) und sein Kommentar dazu ‹Shel phreng›. Auf letzteren bezieht sich vorliegendes Werk im Titel.
Diese Zusammenstellung ist eine Arzneimittellehre (materia medica) in bildlicher Darstellung. Entsprechend besteht der Hauptteil aus Abbildungen der Substanzen, aus denen Medizin gewonnen werden können. So finden sich Mineralien, Bäume und ihre Früchte, Blumen und Pflanzen, sowie Tiere. Auf den abgebildeten Seiten sieht man u.a. Hase, Elefant, Tiger, Schneelöwe (Bl. 23v), oder Affen und Vögel (Bl. 24r). Wertvoll werden diese Darstellungen dadurch, dass oft neben der tibetischen auch die chinesische und mongolische Benennung angegeben ist. Darüber hinaus finden sich im Werk Stammbäume der Medizin, Abbildungen der Instrumente des Arztes und anatomische Tafeln. Nur zwei Seiten am Ende enthalten Text. Die Holzschnitte wurden nachträglich koloriert.

Lokesh Chandra 1971. – Arya 2001 G.G.

本草
下二十五
犀角
虎
象
野牛

本草
上二十五

21 Text aus dem Kanjur

’Phags-pa Thar-pa chen-po phyogs-su rgyas-pa ’gyong tshangs-kyi sdig sbyang-ba ste/ sangs-rgyas yongs-su grub-pa bkod-pa zhes bya-ba theg-pa chen-po’i mdo

Tibet, 19. Jh.
Papier, 213, 13 Bl., 8,5 x 32,5 cm. Tibetisch. Mit Miniaturen
Cod.tibet. 922

Die Prachthandschrift enthält einen der Texte des Kanjur, der Sammlung der heiligen Schriften des Buddhismus in Tibet. Das Besondere daran ist, dass er eines der wenigen darin enthaltenen Werke ist, das nicht direkt aus dem Sanskrit übersetzt wurde, sondern aus dem Chinesischen. Das bedeutet, dass die Übersetzer keinen Originaltext zur Verfügung hatten. Entsprechend wird zu Anfang kein Sanskrittitel angeführt, wie sonst üblich. Einzelhandschriften dieses Textes sind sehr selten. Ein weiteres kurzes Werk ist angefügt.
Die Handschrift wurde sehr prächtig gestaltet mit Goldschrift auf schwarz lackiertem Papier. Die Deckel bestehen aus mehreren Lagen Papier und sind mit Stoff überzogen. Das erste Blatt ist in den Oberdeckel eingelegt. Drei verschiedenfarbige Seidenvorhänge schützen es. Die Mitte des Blattes beherrscht eine kleine eingeklebte Miniatur des Buddha Shakyamuni (Abb.: Frontispiz).
Der Blattstapel ist in ein rotes Tuch eingewickelt und liegt in einem Lesebehälter. Ein Band mit einer Metallschließe, welche einen Dämonenkopf darstellt, hält alles zusammen. G.G.

༄༅། །བོད་སྐད་དུ།
པོ་ཕྱོགས་སུ་རྒྱས་པ
སྦྱངས་ཏེ། སངས་རྒྱས
འཕགས་པ་ཐར་པ་ཆེན
འགྱོད་ཚངས་ཀྱི་སྡིག
སུ་གྲུབ་པ་རྣམ་པར

༄༅། །བཀོད་པ་ཞེས་བྱ་བ་ཐེག་པ་ཆེན་པོའི་མདོ། སངས་རྒྱས་དང་
བྱང་ཆུབ་སེམས་དཔའ་ཐམས་ཅད་ལ་ཕྱག་འཚལ་ལོ། །འདི་སྐད་བདག་གིས
ཐོས་པ་དུས་གཅིག་ན། བཅོམ་ལྡན་འདས་རྒྱལ་པོའི་ཁབ་ཀྱི་གྲོང་ཁྱེར་ཆེན་པོ

22 Tibetische Geomantie

Sangs rgyas rgya mtsho: Vaidūrya dkar po

Mongolei, spätes 19. oder frühes 20. Jh.
Papier, 52 Bl., 8,3 x 43,3 cm. Tibetisch. Überwiegend Illustrationen
Cod.tibet. 895, 896, 897

Der 35 Kapitel umfassende ‹Vaidūrya dkar po› ist der umfangreichste tibetische Text zur Astronomie, Astrologie und Divination. Als Verfasser gilt einer der produktivsten Autoren und schillerndsten Persönlichkeiten der tibetischen Geschichte: der Regent des fünften Dalai Lama, sde srid Sangs rgyas rgya mtsho (1653–1705).
Die in diesem Text behandelten Themen reichen von Divinationskalkulationen, die aus China nach Tibet gelangten, Abhandlungen zu Teilbereichen der Astrologie wie Berechnungen eines günstigen Zeitpunktes für Hochzeiten und Zeiten für Erkrankungen bis hin zu Berechnungen zum Lebensschicksal etc.
Die vorliegenden Handschriften enthalten Auszüge aus dem 32. Kapitel des ‹Vaidūrya dkar po› und sind bisher die einzig bekannten illustrierten Manuskripte dieses Textes.
Dort wird die tibetische Geomantie, die das kulturelle Leben der Tibeter schon immer geprägt hat, umfassend behandelt. Geomantische Gesichtspunkte

waren in Tibet häufig bei der Wahl eines Platzes für zu errichtende sakrale Bauten, aber auch für gewöhnliche Wohnhäuser maßgebend.
Den Darlegungen des Verfassers zufolge sind dabei drei einfache Grundsätze zu beachten: Schlechte Stellen müssen vermieden, gute Plätze gewählt, und vor sowie während des Bauens müssen Rituale ausgeführt werden.
Der Text kann in zwei Segmente untergliedert werden: Im ersten Abschnitt werden Landschaftsformen beschrieben, die für die Errichtung von Gebäuden oder die Anlage von Leichenstätten geeignet oder ungeeignet sind. Vor Baubeginn werden nach den Prinzipien der tibetischen Geomantie die Areale, die als Grundstück für eine Bebauung in Frage kommen, begutachtet und bewertet. Dabei vergleicht man die konkrete Gestalt einer Landschaft mit der eines Tieres, einer Person oder einzelner Körperteile, aber auch mit Gegenständen aus dem Alltagsleben oder dem religiösen Kontext. Neben der Topographie bestimmter Plätze bilden auch die Farben des Bodens, Geländeformen der Äcker oder das Aussehen der Himmelsausschnitte, die man von einem Tal aus sieht, Kriterien für divinatorische Aussagen. Entsprechend werden für eine Bebauung geeignete und nicht geeignete Plätze unterschieden. Diese Landschaftsanalysen sind vermutlich von chinesischen Vorstellungen ‹feng shui› geprägt.
Im zweiten Abschnitt finden sich hauptsächlich von indischem Gedankengut beeinflusste Ausführungen zur Architektur sowie Darlegung zu Ritualen, die entweder bei ungünstigen Ortsverhältnissen einen bereits drohenden Schaden abwenden oder präventiv einen Schaden fernhalten sollen. Hierbei werden auch architektonische Gegebenheiten eines bereits errichteten Gebäudes behandelt, die sich ungünstig auswirken und daher beseitigt werden müssen.
Das Folio oben (S. 62) zeigt Auszüge aus dem Abschnitt über die sogenannten «vier Gottheiten» – das sind Tiger, Drache, Vogel und Schildkröte –, die den einzelnen Himmelsrichtungen oder Teilen eines Areals zugeordnet werden und auch für die chinesische Geomantie von Bedeutung sind.
Das Folio darunter zeigt Berge, die für eine Bebauung nicht geeignet sind: Wie beispielsweise ein Berg, der wie eine Witwe, die einen schwarzen Umhang trägt, aussieht; zwei kämpfende Wildtiere, ein Ziegengesicht oder aber ein Berg, der voller Mauselöcher ist (letzte Abb. rechts).

München 1985, Nr. 16. – Maurer 2006. – Rebhan 2007

P.M.

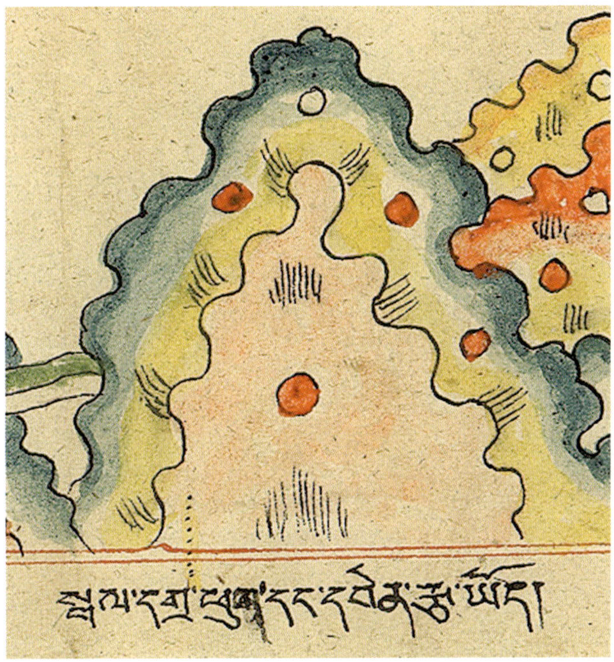

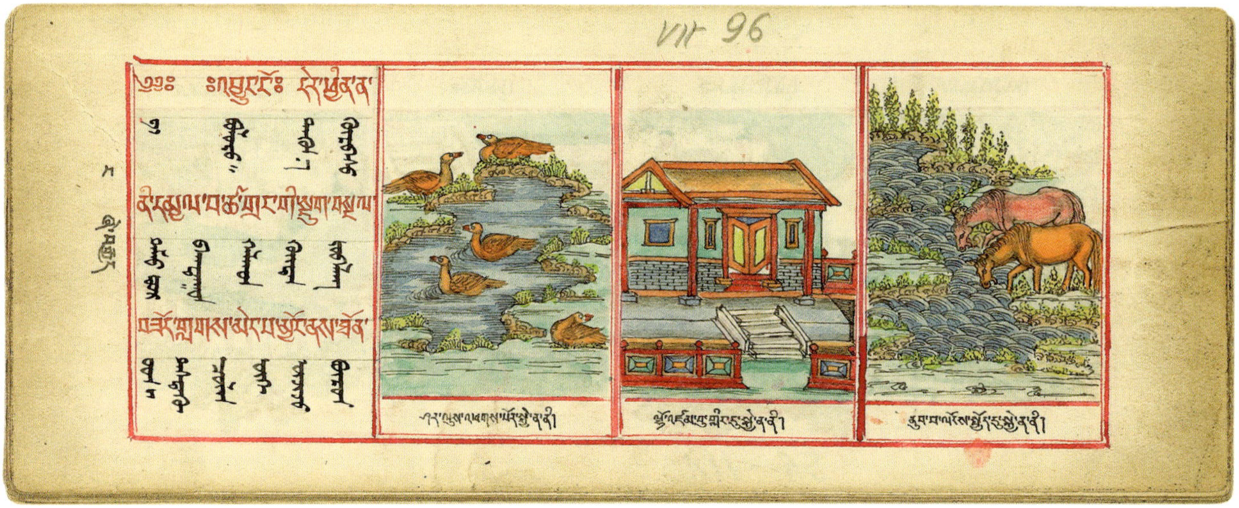

23 Tibetisches Totenbuch der Gelugpa-Schule

Bar-do thos grol

Mongolei, 19. Jh.
Papier, 298 Bl., 9 x 22 cm. Tibetisch und Mongolisch. Mit zahlreichen Miniaturen
Cod.tibet. 901

Bei dem sogenannten ‹Tibetischen Totenbuch› handelt es sich um eine Sammlung von mehreren Texten, die selbst wieder Teil einer größeren Textsammlung ist. Die Texte werden einem eben Verstorbenen in den ca. 49 Tagen bis zur neuen Wiederverkörperung vorgelesen, um ihn eventuell zur Erleuchtung zu führen oder um ihm wenigstens eine bessere Wiedergeburt zu ermöglichen.
Die Texte, wie sie bisher bekannt sind, gehören der Nyingmapa-Schule an und sollen von dem Magier Padmasambhava (8. Jh.) stammen. Dieser hat sie angeblich versteckt, bis Karma-gling-pa (14. Jh.) sie wiederentdeckte. In der Bon-Religion gibt es verwandte Texte.
Bisher wurde zwar vermutet, dass die anderen buddhistischen Schulen Tibets ebenfalls Totenbücher hätten, man kannte aber keines. Hier liegt nun zum erstenmal eines der Gelugpa-Schule des Dalai Lama vor. Es enthält 14 Texte, von denen acht in einer ‹Bardo thos grol›-Handschrift im Potala in Lhasa

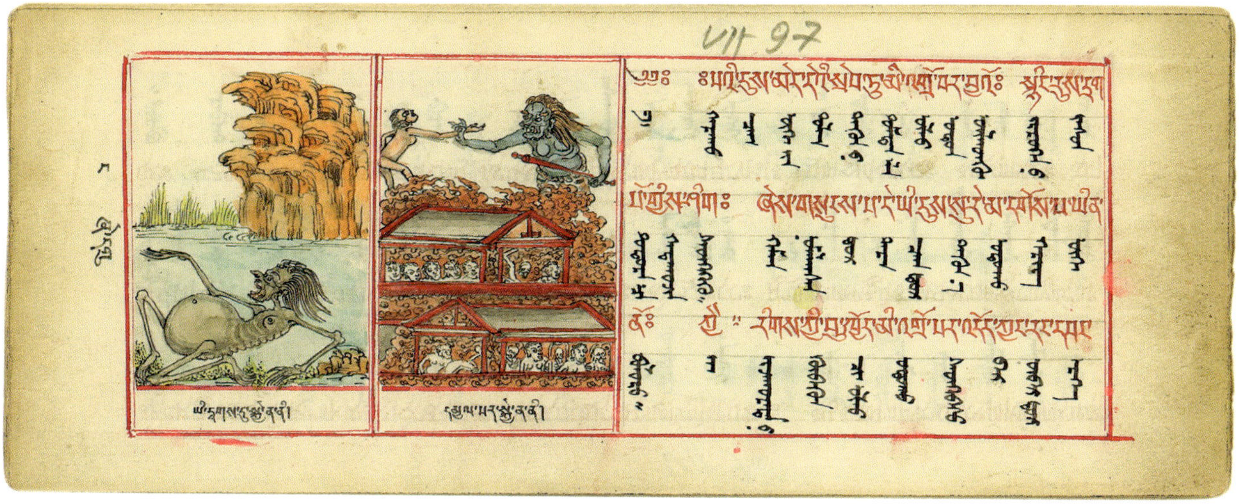

enthalten sind. Die Zugehörigkeit zur Gelugpa-Schule beweisen schon die Miniaturen. So finden wir auf Bl. Ka 1r die Darstellung Tsong-kha-pa's, des Gründers der Gelugpas.
Eine weitere Besonderheit ist, dass mit Ausnahme von zwei rein tibetischen Texten, jeweils die mongolische Übersetzung beigefügt ist.
Auf den abgebildeten Miniaturen werden mögliche Gegenden der Wiedergeburt vorgeführt. Auf Bl. Nga 48r (S. 64) sehen wir drei Weltgegenden, auf Bl. Nga 49r (S. 65) links einen Hungerdämon ‹preta›, daneben eine Hölle. 2007 ist der Bayerischen Staatsbibliothek die Erwerbung eines weiteren illustrierten Tibetischen Totenbuches der Gelugpa-Schule in mongolischer Sprache gelungen, das mit 67 kolorierten Illustrationen versehen ist.

Back 1975. – Cuevas 2003. – Rebhan 2007 G.G.

24 Geheime Autobiographie des 5. Dalai Lama

Ngag-dbang-blo-bzang-rgya-mtsho, 5. Dalai Lama: Kun mkhyen rDo-rje-thogs-med-rtsal-gyi dag snang gsang-ba rgya-can-las 'byung-pa'i yi-dam lha tshogs-rnams-gyi dbang dang byin-rlabs rig gtad-rnams-kyi mchod gtor bca' tshul gsal-bar bkod-pa rig-'dzin snyin-gi gces nor

Mongolei, 19. Jh.
Papier, 346 Bl., 89 Doppelbl., 9 x 35,5 cm. Tibetisch. Mit zahlreichen Miniaturen
Cod.tibet. 900

Der 5. Dalai Lama Ngag-dbang-blo-bzang-rgya-mtsho (1617–1682) war es, der die Vorherrschaft der Gelugpa-Schule in Tibet etablierte und den Potala baute.

Aber er war nicht nur ein großer Staatsmann, sondern auch ein bedeutender Mystiker. In mehreren Texten beschrieb er die Visionen, die er in verschiedenen Lebensabschnitten hatte und die Lehren bzw. Rituale, die er dabei erhielt. Diese Texte bilden seine «geheime Autobiographie».

Schon sein Regent Sangs-rgyas-rgya-mtsho (1653–1705) ließ Thangkas malen, auf denen die Opferaltäre der verschiedenen Rituale abgebildet waren. Auch in einigen der wenigen bekannten Handschriften werden Miniaturen mit Darstellungen von Ritualgegenständen angehängt.

Die vorliegende Handschrift stellt eine bisher unbekannte Abschrift aus der Mongolei dar. Das Besondere dabei ist, dass 89 Doppelblätter mit den Darstellungen der Ritualaltäre angefügt sind, weitaus mehr als etwa in der Prachthandschrift, die in Paris liegt (25 Miniaturen). Die Abfolge ist hier allerdings etwas verschieden.

Das abgebildete Blatt rechts stellt Gegenstände zum Ritual der Lha-mo, der bedeutendsten weiblichen Gottheit des tantrischen Buddhismus, dar. Die folgende Doppelseite (Bl. 87) zeigt acht Garudas, geflügelte Wesen, die bei einem anderen Ritual eine Rolle spielen.

Die BSB besitzt eine weitere Handschrift des Werkes (Cod.tibet. 500), das eigenhändige Daumenabdrücke des 5. Dalai Lama aufweist und außerdem ein Fragment aus dem Bilderzyklus (Cod.tibet. 685).

München 2005, Nr. 151 f. – Karmay 1998. – Karmay 2002. – Rebhan 2007

G.G.

25 Tibetische Musikhandschrift

dByangs yig

Mongolei, um 1900
Papier, 9 Bl., 10,5 x 60 cm. Tibetisch. Mit Notationen
Cod.tibet. 838

Buddhistische Rituale wurden in den Klöstern nicht nur durch Instrumentalmusik begleitet, sondern auch durch Gesänge. Die Sänger hatten dazu Handschriften, auf denen der Tonhöhenverlauf in Form von geschwungenen Linien dargestellt ist. Um die Melodien richtig wiederzugeben, mussten die Sänger sie jahrelang bei einem Meister durch dauernde Wiederholung lernen. Jeder Sänger bekam dann seine eigene Handschrift, die nur er umsetzen konnte. Deshalb wurde sie bei seinem Tod meist mit verbrannt. Das führte dazu, dass solche Texte gerade aus Tibet recht selten sind.
Der Text des Rituals steht in vorliegender Handschrift in kleingeschriebenen Wörtern unter den hier besonders großen Notationen. Deren Linien sind mit schwarzer Tusche gezeichnet, darüber läuft eine rote Doppellinie. Nach dem Text liegt eine Anrufung verschiedener Gottheiten vor. Gezeigt werden Bl. 3v und 5r. Solche Gesänge wurden langsam und mit sehr tiefer Stimme bei Festen oder tantrischen Ritualen gesungen.
Handschriften dieser Art sind äußerst schwer, wenn überhaupt in westliche Notenschrift zu übertragen. Die Bayerische Staatsbibliothek besitzt eine größere Sammlung dieser seltenen tibetischen Musikhandschriften.

Scheidegger 1988. – Lama Pantheon 2004, Nr. 75, 24 (m. Abb.)

G.G.

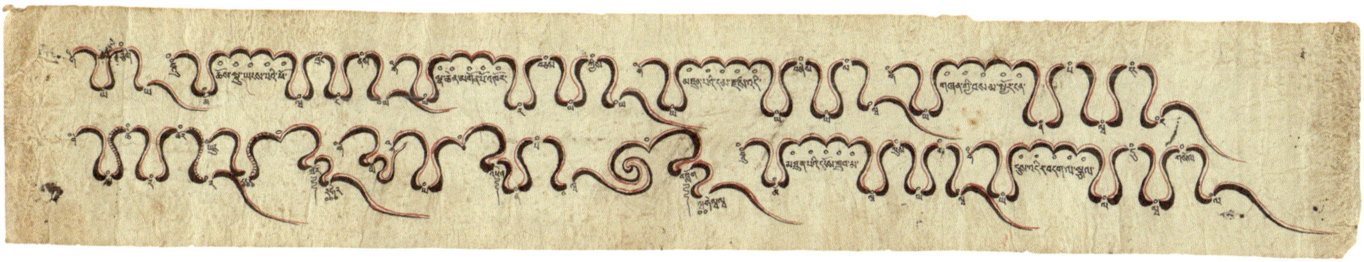

26 Dunhuang-Handschrift

Jin gang ban ruo bo luo mi jing

China, Dunhuang, 673
Papier, Querrolle, 25,5 x 246 cm. Chinesisch
Cod.sin. 4

Als 1900 in den Höhlentempeln von Dunhuang, einem Ort an der Seidenstraße in der heutigen Provinz Gansu, eine Höhle voll von gebündelten Handschriften entdeckt wurde, war die Auswertung dieses Fundes, die beileibe noch nicht abgeschlossen ist, der Beginn eines eigenen Forschungsgebietes in der Sinologie. Die bei weitem überwiegende Mehrzahl der Handschriften bestand aus buddhistischen Texten. Anfangs unbeachtet von der fernen chinesischen Bürokratie in Peking gelang es verschiedenen «Ausländern», darunter Paul Pelliot und Sir Aurel Stein, den Großteil der Handschriften in ganzen Wagenladungen in den Westen zu bringen. Die größten Bestände besitzen jetzt Paris und London.
Die vorliegende Handschrift wurde 1955 von Walter Fuchs, einem ehemals führenden deutschen Sinologen, an die Bibliothek verkauft. Fuchs seinerseits gibt an, sie sei «bald nach 1900 in Tientsin von einem Deutschen erworben» worden.
Das hier gezeigte ‹Diamant-Sutra› zählt zu den häufig überlieferten buddhistischen Texten der damaligen Zeit. Ungefähr ein Drittel des Anfangs fehlt. Am Ende der Rolle steht der Kurztitel ‹Jin gang ban ruo jing›. Die Aufschrift auf dem äußeren Vorsatzblatt gibt an, die Rolle sei im 25. Jahr der Regierungsdevise Guangxu (d.i. 1899) aus den Ruinen der Tausend-Buddha-Grotten in Dunhuang geborgen worden. Sofern richtig – ist diese Zeitangabe interessant, da sie vor 1900, der offiziellen Entdeckung der Dunhuang-Bibliothek, liegt.
Mehrere Hundert der buddhistischen Handschriften tragen datierte Kolophone vor allem mit Angaben zu den Spendern, die in frommer Absicht solche Kopien in Auftrag gaben. Aus der zweiten Hälfte des 7. Jahrhunderts (Datierungen von 671–677) ist ein gesondertes Korpus von fast 30 Rollen vorhanden (überwiegend aus der Sammlung Stein), deren Kolophone in tabellarischer Form standardisiert sind. Sie stammen aus den verschiedenen Bibliotheken und Skriptorien des kaiserlichen Hofes in Chang'an. Es erscheinen die Namen der Schreiber, Papierfärber, Rollenmontierer, Korrekturleser und administrativen Leiter des Schreibprojektes. Darunter sind als Korrekturleser die Namen bedeutender Schüler Xuanzangs (603–664), des legendären Pilgermönches, zu finden.
Die in diesem begrenzten Zeitrahmen hergestellten und formal normierten Sutren, denen die ausgestellte Rolle zuzuordnen ist, könnten daraufhin deuten, dass möglicherweise bei Hof ein groß angelegtes Schreibprojekt stattfand, für das ein eigener Stab aus illustren Personen zusammengestellt worden war. All dies lässt vermuten, dass im 7. Jahrhundert im Bereich der Klöster und des kaiserlichen Hofes die Bibliothekskultur weit fortgeschritten war.

Fuchs 1954. – Fujieda 1969. – Drège 1988 R.S.

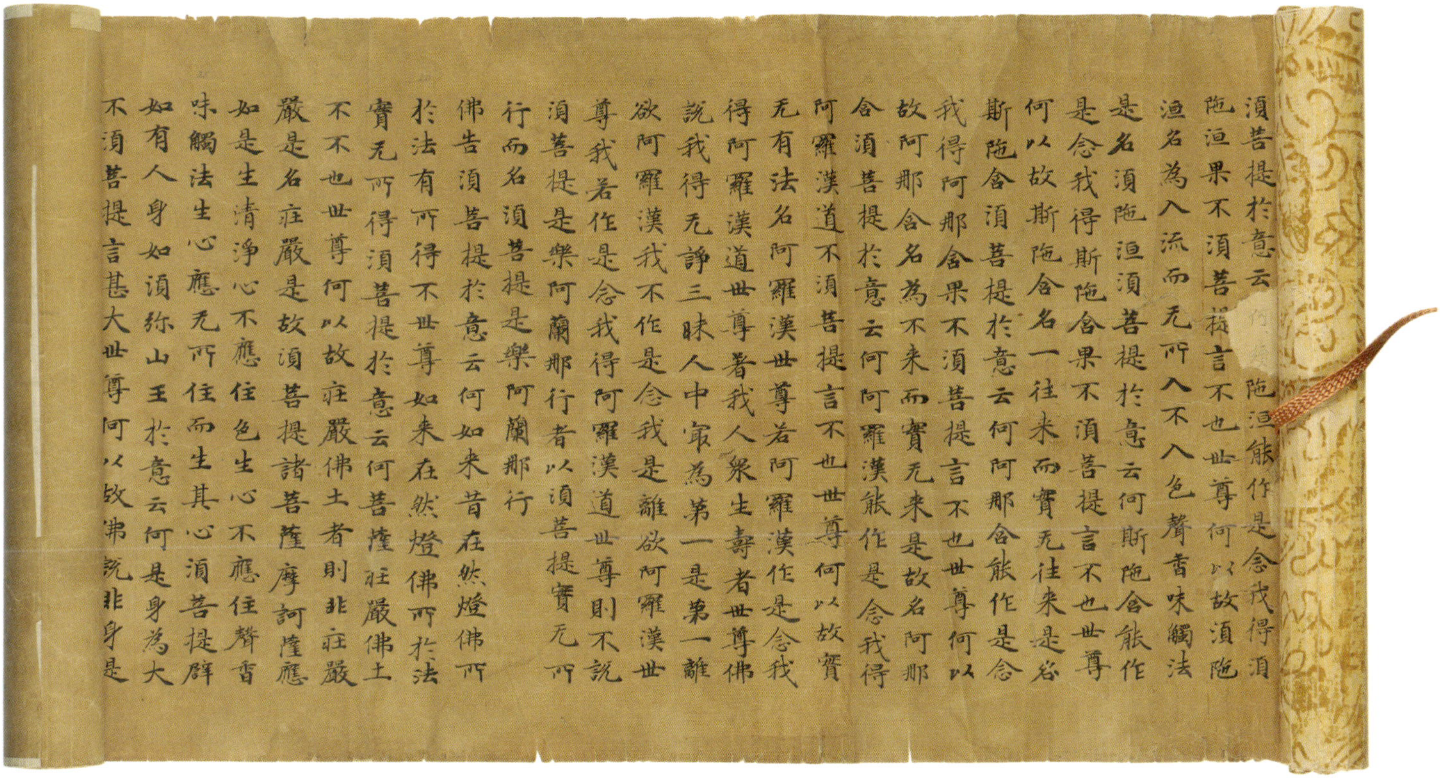

須菩提於意云何須陀洹能作是念我得須
陀洹果不須菩提言不也世尊何以故須陀
洹名為入流而无所入不入色聲香味觸法
是名須陀洹須菩提於意云何斯陀含能作
是念我得斯陀含果不須菩提言不也世尊
何以故斯陀含名一往来而實无往来是名
斯陀含須菩提於意云何阿那含能作是念
我得阿那含果不須菩提言不也世尊何以
故阿那含名為不来而實无来是故名阿那
含須菩提於意云何阿羅漢能作是念我得
阿羅漢道不須菩提言不也世尊何以故實
无有法名阿羅漢世尊若阿羅漢作是念我
得阿羅漢道世尊著我人衆生壽者世尊佛
說我得无諍三昧人中最為第一是第一離
欲阿羅漢我不作是念我是離欲阿羅漢世
尊我若作是念我得阿羅漢道世尊則不說
須菩提是樂阿蘭那行者以須菩提實无所
行而名須菩提是樂阿蘭那行
佛告須菩提於意云何如来昔在然燈佛所
於法有所得不世尊如来在然燈佛所於法
實无所得須菩提於意云何菩薩莊嚴佛土
不不也世尊何以故莊嚴佛土者則非莊嚴
嚴是名莊嚴是故須菩提諸菩薩摩訶薩應
如是生清淨心不應住色生心不應住聲香
味觸法生心應无所住而生其心須菩提譬
如有人身如須弥山王於意云何是身為大
不須菩提言甚大世尊何以故佛說非身是

27 Daoistischer Text in Blaugold

Tai shang tai xuan nü qing san yuan pin jie ba zui miao jing

China, 1431
Papier, 3 Leporelli 34,5 x 899,5 cm, 580 cm, 575 cm. Chinesisch. Mit Miniatur
Cod.sin. 136

Dieser in der Tang-Dynastie (618–907) entstandene und teilweise in Form einer Litanei gehaltene Text ist eine spätere Version von ‹Tai shang dong xuan ling bao san yuan pin jie gong de qing zhong jing›, einem frühen Lingbao-Text, dessen Entstehung der Zeit der Sechs Dynastien (220–589) zuzuschreiben ist.
Der Text beschreibt eine mythische Bürokratie, in der minutiös Sünden und Verdienste der Menschen verwaltet werden. Streng durchorganisiert erinnert sie an den weit verzweigten chinesischen Beamtenapparat im Diesseits.
Der himmlische Herrscher ‹Tianzun› hat die Drei Mythischen Verwalter ‹sanguan› berufen, die den drei Bereichen des Universums (Himmel, Erde und Wasser) vorstehen und genau Buch führen über gute und schlechte Taten der Menschheit. Der Verwalter des Himmels ‹Tianguan› bringt Glück, der der Erde ‹Diguan› vergibt Sünden und derjenige des Wassers ‹Shuiguan› rettet aus Gefahren. Jeder Bereich des Universums enthält einen Palast und drei Präfekturen. Jede Präfektur hat wiederum 12 Ämter für den Himmel und je 14 Ämter für Erde und Wasser, insgesamt also 120 Ämter, in denen penibel Buch geführt wird über Verdienste und Vergehen der Menschen. Eine Überprüfung dieser Bücher findet jeweils am 15. Tag des ersten, siebten und zehnten Monats statt. Die Namen der Verdienstvollen werden dann in das Grüne Register und den Jadekalender eingetragen, die der Sündigen, die in die Neun Reiche der Finsternis verbannt werden, in das Schwarze Buch.
Der Mythos von den drei Verwaltern verschmilzt wahrscheinlich bereits im 5. Jahrhundert mit den mythischen Vertretern der drei kalendarischen Einheiten ‹sanyuan›, die in der Jin-Dynastie (317–420) entstanden sind. Im vorliegenden Text tragen die Drei Mythischen Verwalter die ‹sanyuan› als Namensbestandteile.
Im hier gezeigten Exemplar wird in einer Aufschrift außen auf den Faszikeln und im Vorwort ein gewisser Bao Xuansheng aus der Ming-Dynastie (1368–1644) als Schreiber des Textes genannt. Als Verfasser des Vorwortes zeichnet Liu Yuanran (1351–1432), der als einer der prominenten Daoisten der Ming-Dynastie unter drei Ming-Kaisern zu hohen Würden gelangte.
Die Abbildung auf dem Vorsatzblatt innen (34,5 x 62 cm, S. 76/77) ist ikonographisch schwer zu interpretieren. Eine kleine Aufschrift links im Bild mit der Bezeichnung des Verwalters des Wassers ist der einzige deutlichere Hinweis auf den Inhalt der Abbildung. Aussehen und Anordnung der Figuren, ihre Ausstattung und die ihrer Umgebung sind stark buddhistisch beeinflusst.
Die exzellente Ausführung der Leporelli und die bedeutende Persönlichkeit des Vorwortschreibers lassen den Schluss zu, dass das Werk bei Hof oder in dessen näherer Umgebung entstanden ist.

Franke 1977. – Kohn 2000. – Schipper 2004 R.S.

皇帝萬萬歲

28 Kaiserliche Bestallungsurkunde

gaoming

China, 5.10.1651
Seidenbrokat auf Papier, Querrolle, 31,5 x 368 cm. Manchurisch und Chinesisch
Cod.sin. 212

Der Brauch, verdiente Staatsbeamte per Urkunde mit einem Titel oder einer Funktion zu versehen, lässt sich bis in die Tang-Dynastie (618–907) zurückverfolgen, wenn auch das System der Bestallungsurkunden in der Qing-Dynastie (1644–1911) weitgehend von der vorhergehenden Ming-Dynastie (1368–1644) übernommen worden ist. Neben den erblichen Rängen, gewährten die manchurischen Herrscher der Qing-Dynastie meist jedoch ‹tan'en›, «große Gunst», in Form eines nicht vererbbaren, reinen Ehrentitels, der dem Begünstigten oder seiner unmittelbaren Familie galt. Das Schriftzeichen ‹shou› in einer Urkunde bedeutet, dass der Ehrentitel dem Begünstigten selbst verliehen wurde, während ‹feng› seiner noch lebenden Frau oder den noch lebenden Eltern galt und ‹zeng› die posthume Verleihung des Ehrentitels an

die bereits verstorbenen Eltern oder die verstorbene Gattin bedeutete.
Im vorliegenden Fall wird dem verstorbenen Vater Wu-er-ge von Shun-ku-tu posthum der Titel ‹tongyi daifu› (ziviler Rang 3 a) verliehen. Die noch lebende Mutter von Shun-ku-tu, eine geborene Nala, trägt nun den Titel ‹taishuren› (ziviler Rang 3 a für Frauen). Meist erhält der männliche Verwandte eines Geehrten zusätzlich den aktuellen Rang, den dieser in seiner Laufbahn gerade innehat, als weiteren Ehrentitel. So auch in diesem Fall. Shun-ku-tu steht im Rang eines Adaha hafan 2. Grades, den sein verstorbener Vater Wu-er-ge posthum verliehen bekommt. Die hier ehrenvoll bedachten Personen sind Manchus mit manchurischen Namen, die im chinesischen Text umgeschrieben sind.
Ernennungsurkunden der Qing-Dynastie waren meist zweisprachig, Manchurisch und Chinesisch, mit dem manchurischen Text beginnend, der im Gegensatz zum chinesischen von links nach rechts gelesen wird.
Die unbeschrifteten «Rohlinge» dieser Ehrenurkunden wurden bis zur Guangxu-Zeit (1875–1908) in der kaiserlichen Seidenmanufaktur in Nanjing gefertigt. Sie hatten in der Regel ein Standardmaß von ca. 32 x 424 cm.
Die vorliegende Querrolle besteht aus fünffarbigem Seidenbrokat, in den Wolkenornamente eingewebt sind. Die Farben des Stoffes sind dem Verlauf der Rolle folgend ein verblasstes Bräunlich-Rot, Beige, Gelb, Rot und wahrscheinlich verblasstes Grün. Die Schrift auf dem manchurischen Teil ist durchgehend schwarz. Die rote Schrift auf dem ersten stark verblassten grünen chinesischen Teil ist nur undeutlich zu erkennen. Die schwarze Schrift auf dem zweiten roten chinesischen Abschnitt ist sehr gut lesbar (Abb.: Frontispiz Vorwort). Die Rollstäbe bestehen aus lackiertem Holz. Zum Schutz der Rolle ist ein Vorsatz (31,5 x 38,5 cm) aus Seidenbrokat mit einem stilisierten Blumenmuster angebracht. Außen steht in Chinesisch und Manchurisch: «Für die Eltern des Adaha hafan 2. Grades Shun-ku-tu».
Diese Art von Urkunden ist in größeren Sammlungen mit chinesischem Altbestand regelmäßig vertreten, doch sind Objekte aus der Ära des Shunzhi-Kaisers (1644–1661), dem Gründer der Qing-Dynastie (1644–1911), eher selten.

Franke 1942. – Schlegel 1897. – Hu 2000, S. 234–236 R.S.

29 Die sechzehn Luohan

China, Qianlong-Zeit (1736–1795)
Papier auf Karton, Album, 21 lose Doppelblätter, 28,5 x 41 cm. Chinesisch. Mit 16 Miniaturen
Cod.sin. 125

In dieser Handschrift werden sechzehn der wichtigsten Buddhaschüler (Sanskr.: ‹Arhat›, Chin.: ‹Luohan›) dargestellt. Die ursprüngliche Gruppe der Sechzehn geht wohl auf indisch-hinduistische Tradition zurück. Später gibt es Gruppen von achtzehn oder 500 Luohan. Die sechzehn Erleuchteten sitzen in unterschiedlicher Haltung in einer durch Felsen und Bäume angedeuteten Landschaft. Jeder Schüler ist namentlich aufgeführt, wobei die indischen Namen in chinesischer Umschrift erscheinen.
Die aufgeschlagene Seite zeigt Rahula, einen der vier bedeutendsten Arhats und einzigen Sohn Siddharta Gautamas. Er wird üblicherweise mit ausgestrecktem, hinweisendem Zeigefinger dargestellt. Die gewöhnlich groteske Verformung der Figuren, die das Asketische und Exzentrische der um Erkenntnis ringenden Buddhaschüler zum Ausdruck bringen soll, erscheint hier in etwas abgeschwächter Form.
Als Kaiser Qianlong auf einer seiner südlichen Inspektionsreisen 1757 das Kloster Shengyin in Hangzhou besuchte, bekam er die dort aufbewahrten Bilder der ‹Sechzehn Luohan› des berühmten tangzeitlichen Malers Guanxiu (832–912) zu Gesicht. Das Thema begeisterte ihn so sehr, dass er basierend auf den Malereien Steinschnitte anfertigen ließ. Abreibungen davon sind im Museum für Ostasiatische Kunst in Köln zu besichtigen. Im Zuge dieser Begeisterung mag der Kaiser auch die vorliegende Folge in Auftrag gegeben haben. Das Album selbst ist nicht datiert, eine späte Beischrift in französischer Sprache weist es als Werk der Qianlong-Zeit aus. Die exzellente Ausführung auf indigoblauem Papier mit Verwendung von Gold für den Text und die Zeichnungen, die zusätzlich sparsam mit Farben gehöht sind, bestätigen die Angabe der Beischrift.
Das Album wird durch zwei massive Holzdeckel geschützt. Jeweils zwei Blätter sind zu einem Doppelblatt zusammen geklebt, so dass anders als beim Leporello jeweils nur eine Doppelseite aufgeschlagen wird. Die Öffnungen zeigen rechts eine Abbildung eines Luohan und links eine Beischrift mit dem Namen des «Ehrwürdigen» und einer kurzen Eulogie aus der kaiserlichen Feder.

Werner 1932, S. 347. – Williams 1960, S. 259–279. – Goepper 1968, S. 156–157. – Schlombs 1995, Nr. 42 R.S.

第十喇乎拉尊者

具大雄力坐不目逃於示怒中隨喜逍遙喜固春溫怒亦秋肅試觀代謝意於何屬

30 Das Große Sutra von der Vollkommenen Weisheit

Dai hannya haramitta kyō

Japan, Tempyō-Zeit (729–767)
Papier, Querrolle, 25,1 x 817,7 cm. Japanisch
Cod.jap. 20

‹Das Große Sutra von der Vollkommenen Weisheit› enthält die Hauptlehren des Mahayana-Buddhismus und ist mit 600 Büchern das weitaus umfangreichste Sutra des buddhistischen Kanons. Die vorliegende Handschrift, die Rolle Nr. 153, umfasst den Abschnitt 30/51 «Über geistliche Verdienste».
Im Jahr 663 hatte der chinesische Mönchsgelehrte Xuanzang mit der Übersetzung von buddhistischen Weisheitstexten, die er in Indien gesammelt hatte, ein Sutren-Werk geschaffen, das in China wegen seines philosophischen und metaphysischen Gehalts als das ranghöchste des Tripitaka in eigens geschaffenen Zeremonien verehrt und vielfach kopiert wurde.
Diese Kopien gelangten nach Japan, wo man bereits zwei Jahrhunderte zuvor die buddhistische Lehre kennengelernt hatte, und nun diese chinesische Fassung als Vorlage für alle heimischen Abschriften mit Kanbun-Lesung benutzte.
Formal ist das ‹Große Sutra› ein Kompendium von 16 Reden des historischen Buddha Shakyamuni über die höchste Wahrheit und Weisheit (Sanskr. ‹prajñā›, Jap.: ‹hannya›), die auf sechs Wegen zur Erleuchtung führt ‹Sanskr. pāramitā, Jap. haramitta›. ‹Prajñā› und ‹pāramitā› sind in und durch Buddha eins geworden; ihre Verschmelzung gipfelt in seiner Vollkommenen Weisheit und hat sich in ihm verleiblicht. Buddhaleib und Buddhawort sind eins, und folglich ist das Sutra als Emanation Buddhas zu betrachten. Das Abschreiben der Sutren war Gebet, Meditation und ein Mittel, um religiöse Verdienste für Einzelne oder das Staatsgefüge zu erwerben. So ordnete bereits 737 Shōmu-Tennō im Glauben an die weisheitsvoll heilenden und beschützenden Kräfte dieses Sutras für alle Provinzen eine vollständige Kopie an. In der Nara-Zeit (710–794) setzten das kaiserliche Sutren-Kopieramt ‹shakyōsho› und die Skriptorien großer Tempel mit höchsten Anforderungen an die Kalligraphen – und drastischen Strafen für Fehler – den hohen akademischen und künstlerischen Standard der überaus zahlreichen Abschriften.
In der vorliegenden Handschrift hat ein routinierter Schreiber die sutrenübliche Standardschrift ‹kaisho› durch seinen persönlichen Duktus akzentuiert: Die überlangen Waagerechtstriche sowie die kraftvoll geschwungenen Diagonalen und Hakenlinien brechen die idealtypische Quadratform des ‹kaisho›-Stils auf und beleben ebenso wie der betonte Pinselansatz das Schriftbild. Andererseits enthält nicht jede Zeile die regelhaften 17 Zeichen, oder die gesamte Zeichensäule wankt innerhalb der feinen, ca. 2 cm breiten Linierung. Für die rote Interpungierung zeichnet am Ende der Rolle ein Mönch Eion, der um 1233 ältere Kopien überarbeitete. Die noch sichtbaren Faltspuren des gelblich gefärbten Papiers weisen auf eine frühere Verwendung in der Leporello-Form hin, die insbesondere in der speziellen Zeremonie für das ‹Große Sutra› benutzt wird.

Taishō 1924–32, Nr. 220. – Ishida 1930. – Pause 1975, S. 1–47. – Mutō 1982. – Kraft 1994, Nr. 52. – München 2005, Nr. 143 I.S.

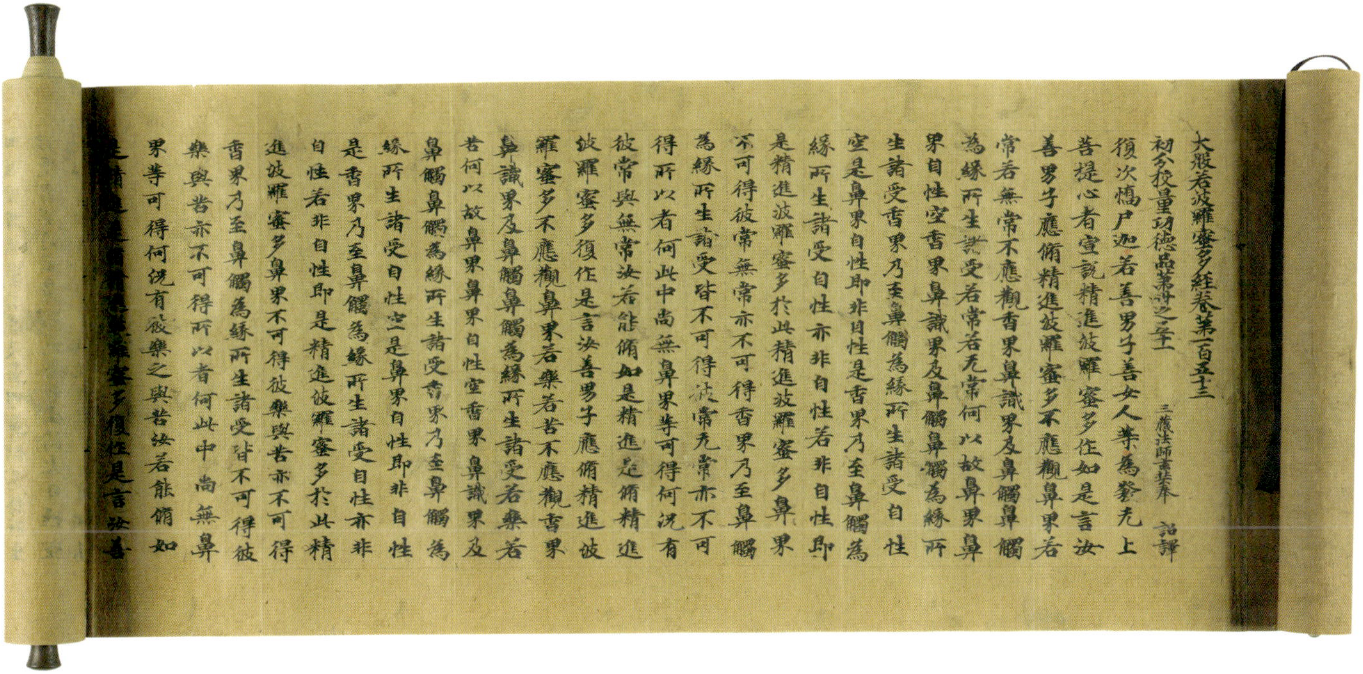

大般若波羅蜜多經卷第一百五十三

初分校量功德品第卅之五十一

三藏法師玄奘奉 詔譯

復次憍尸迦若善男子善女人等為發无上
菩提心者宣說精進波羅蜜多作如是言汝
善男子應脩精進波羅蜜多不應觀鼻界若
常若無常不應觀香界鼻識界及鼻觸鼻觸
為緣所生諸受若常若无常何以故鼻界鼻
界自性空香界鼻識界及鼻觸鼻觸為緣所
生諸受香界乃至鼻觸為緣所生諸受自性
空是鼻界自性即非自性是香界乃至鼻觸為
緣所生諸受自性亦非自性若非自性即
是精進波羅蜜多於此精進波羅蜜多鼻界
不可得彼常無常亦不可得香界乃至鼻觸
為緣所生諸受皆不可得彼常无常亦不可
得所以者何此中尚無鼻界等可得何況有
彼常與無常汝若能脩如是精進是脩精進
波羅蜜多復作是言汝善男子應脩精進波
羅蜜多不應觀鼻界若樂若苦不應觀香界
鼻識界及鼻觸鼻觸為緣所生諸受若樂若
苦何以故鼻界鼻界自性空香界鼻識界及
鼻觸鼻觸為緣所生諸受香界乃至鼻觸為
緣所生諸受自性空是鼻界自性即非自性
是香界乃至鼻觸為緣所生諸受自性亦非
自性若非自性即是精進波羅蜜多於此精
進波羅蜜多鼻界不可得彼樂與苦亦不可得
香界乃至鼻觸為緣所生諸受皆不可得彼
樂與苦亦不可得所以者何此中尚無鼻
界等可得何況有彼樂之與苦汝若能脩如
是精進是脩精進波羅蜜多復作是言汝善

31 Die Geschichte vom Prinzen Genji

Genji monogatari

Japan, späte Keichō-Zeit, um 1615
Papier, 54 Bde, 6-138 Bl. je Bd., 23,8 x 18 cm. Japanisch. Mit Einband-Miniaturen, im Schwarzlackkasten mit Dekor
Cod.jap. 18

Dieses bedeutendste Prosawerk der klassischen japanischen Literatur, verfasst von der Hofdame Murasaki Shikibu (978?–1015?) um das Jahr 1010, beschreibt in 41 und 13 Kapiteln das Leben und die Liebesabenteuer des «Strahlenden Genji» ‹Hikaru Genji› und seiner Nachkommen inmitten einer höfischen Gesellschaft, die ihren luxuriösen Lebensstil ganz unter das Diktat ästhetischer Prinzipien stellt.

Ursprünglich für den kleinen Kreis des Hofadels bestimmt, gewann dieser Liebesroman in der Tradition der Heian-zeitlichen (794–1185) Uta-monogatari rasch an Popularität und durch seine überragende sprachliche und psychologische Qualität einen maßgeblichen Einfluss auf die gesamte spätere japanische Literatur. Er ist das gefeierte Produkt der Japanisierung jahrhundertelanger chinesischer Einflüsse

いかのさをすゝれぬるをもしのびらくけふまで
こ後のなかりしもなくしかなくれ
見てきけれわきまへしもおほえぬけふをを
りのきをもくしたまへすのいとさへたを
命婦はましものかへられし
なつかしき気色をもてなすへくいひなし
つゝしなきわさつかしうくしうちさ花と
見えしをなしかきをかけける
のとかなるをなかなかやまのかへしうたし

なゝ逢れおやく月かのしそしかわ
ふそれのおかけかはなかなかは
紀のいしよするかいもなきはさらにいさら
くら帝なりさてはかりしにのはしや花
いとくらい御へくりしわこのもさらに
かなをとりやめのなすてかしくかなを
ますかいなりつゆくらおそき人のを
のかくしさ久のくちをんかさすかを
人くさのはしにかきらんやうのうへ

und eigenständiger einheimischer Kreativität: Allein das den Roman durchziehende, ‹Genji›-typische lyrische Moment des «Angerührtseins von den Dingen» ‹mono no aware› gilt als ein Ausdruck japanischer Befindlichkeit schlechthin.
Die Kapitel haben inhaltsbezogene Titel wie das hier abgebildete Kap. 6 (Abb.: S. 84, Text S. 85). «Safranblüte» ‹Suetsumuhana› ist der Name einer verarmten, unansehnlichen Prinzessin mit leuchtend roter Nase, die in ihrem verfallenden Palast zunächst hartnäckig dem Liebeswerben des Prinzen widersteht, aber später in seinem Haus Aufnahme findet (Kap. 15, Abb.: S. 87 oben). Die Abbildung zeigt Genji im Garten von Suetsumuhana, wo er einen Diener anweist, Schnee von einem Orangenbaum zu schütteln.
Die vorliegende Handschrift in elegantem Kursiv-Stil ‹sōsho› kann zwar nicht der berühmten Dichterin Ono no Tsū (1558–1631) zugeschrieben werden, wie das beiliegende Bibliothekstäfelchen andeutet, doch sie zeigt im Stil des frühen 17. Jahrhunderts einen künstlerischen Höhepunkt im Gebrauch der aus den chinesischen Zeichen (Kat. Nr. 30) entwickelten japanischen Kana-Silbenschrift. Die orangefarbenen Titelstreifen sind im gleichen Stil wie der neunzeilige Text geschrieben. Es ist der auch «Frauenhandschrift» ‹onna-de› genannte Schriftstil, den Murasaki Shikibu benutzte und der heute von Kalligraphen und Lesern Spezialkenntnisse verlangt.

Für den illustrierten Einband wurde außen blaugefärbtes Papier mit reichem Gold- und Silberdekor, für die Spiegel Goldpapier mit unterschiedlichen Prägeornamenten verwendet. Auf dem Vorderdeckel ist in Silber- und Goldmalerei im Stil der seit dem 12. Jahrhundert tradierten ‹Genji›-Illustrationen eine Szene aus dem betreffenden Kapitel dargestellt, die sich mit zeitgenössischen, neuen «Design»-Elementen über den Rückdeckel hin fortsetzt (Kap. 10, Abb.: S. 87 unten).
Das 17. Jahrhundert war eine Zeit der sogenannten «Heian-Renaissance», mit der sich der Motiv-Kanon des ‹Genji monogatari› in allen Kunstbereichen etablierte. Für diese ‹Genji›-Ausgabe spricht zudem die prächtige, farblich an Heian-zeitliche Blaugold-Sutrenrollen erinnernde Ausstattung, die aufwendige Tetchōsō-Bindung, das kostbare Papier und die handschriftliche Ausfertigung in einer Zeit, in der Gedrucktes üblich war, auch für eine Verwendung als Brautgeschenk ‹yomeiribon›. Die neuere Frauenforschung zum 17. Jahrhundert diskutiert, ob die Beschenkten den Text auch lesen konnten, oder ob sie ihn wie zu seiner Entstehungszeit vorlesen ließen und dabei die Illustrationen betrachteten.

Yoshioka 1683. – Lewin 1965. – Motoori 1968–77. – Murase 1983. – Kraft 1986, Nr. 130. – Bowring 1988. – Field 2001. – Caddeau 2006 I.S.

Literaturverzeichnis

Armbruster 1975
Gisela Armbruster und Helmut Brinker (Hrsg.): Pinsel und Tusche, Sammlung Heinz Götze. München 1975

Armstrong 1943
E. A. Armstrong: The Ritual of the Plough. In: Folklore 54.1 (1943), S. 250–257

Arya 2001
Pasang Yonten Arya: Handbuch aller Heilmittel der traditionellen tibetischen Medizin. Bern 2001

A.shin Jaiwa.ta 1966
A.shin Jaiwa.ta: Le'twei. pajo:ga. in: kjan kji:. Yangon 1966

Austin 2006
Peter Austin u.a.: Lontar page, making Lontars. http://www.bucalic.de/lontars/makinlon.html. Stand: 16.08.06

Back 1975
Dieter Michael Back: Eine buddhistische Jenseitsreise. Freiburg 1975

Bastian 1867
Adolf Bastian: Reisen in Siam im Jahre 1863. Jena 1867

Baynes 1892
H. Baynes: A collection of Kammavacas. In: Journal of the Royal Asiatic Society of Great Britain and Ireland N.S. 24 (1894), S. 53–76

Bechert 1979
Heinz Bechert u.a.: Burmese Manuscripts. Part 1 (VOHD 23,1). Wiesbaden 1979

Benl 1966
Oscar Benl: Die Geschichte vom Prinzen Genji, altjapanischer Liebesroman aus dem 11. Jahrhundert, verfaßt von der Hofdame Murasaki. 2 Bde. Zürich 1966

Blau 1994
Didier Blau: Mahabo', guide pratique d'astrologie birmane. Paris 1994

Boisselier 1976
Jean Boisselier: Malerei in Thailand. Stuttgart u.a. 1976

Booth 1979–80
Vippy R. Booth (Übers.): The Brahma jati, the Siamese horoscope. Bangkok [um 1979–1980]

Bowring 1988
Richard Bowring: Murasaki Shikibu, the tale of Genji. Cambridge 1988

Braun 1985
Heinz Braun: Burmese manuscripts. Part 2 (VOHD 23,2). Stuttgart 1985

Brereton 1993
Bonnie Pacala Brereton: Some comments on a Northern Phra Malai text dated C. S. 878 (A.D. 1516). In: The Journal of the Siam Society 81.1 (1993), S. 141–145

Brereton 1995
Bonnie Pacala Brereton: Thai tellings of Phra Malai, texts and rituals concerning a popular Buddhist saint. Tempe 1995

Caddeau 2006
Patrick W. Caddeau: Appraising Genji, literary criticism and cultural anxiety in the age of the last samurai. Albany 2006

Cadet 1975
J. M. Cadet: The Ramakien, the stone rubbings of the Thai epic, illustr. with the bas-reliefs of Wat Phra Jetubon. Tokio u. a. 1975

Clutterbuck 1998
Martin R. Clutterbuck: The legend of Siamese cats. Bangkok 1998

Collins 1993
Steven Collins: The Story of the Elder Māleyyadeva. In: Journal of the Pali Text Society 18 (1993), S. 65–97

Committee 2002
The Committee for Constructing a Database of Myanmar Parabaik Manuscripts in Aichi University Toyohashi 2002:

Documents of Myanmar socio-economic history. Introduction: http://taweb.aichi-u.ac.jp/DMSEH/Introduction.html. Stand: 21.12.06

Cook 2002
Nerida M. Cook: Thai identity in the astrological tradition. In: National identity and its defenders, Thailand 1939–1989. (Hrsg.): Craig J. Reynolds. Chiangmai 2002 [1991], S. 189–211

Cooke 1980
Joseph R. Cooke: The Thai Khlong Poem, description and examples. In: Journal of the American Oriental Society 100.4 (1980), S. 421–437

Conze 1975
Edward Conze: The Large Sutra on Perfect Wisdom. Berkeley, Los Angeles 1975

Creese 1996
Helen Creese: Temples of words, Balinese literary traditions. In: Asia-Pacific magazine 2 (1996), S. 38–43. http://coombs.anu.edu.au/SpecialProj/APM/TXT/creese-h-02-96.html. Stand 30.03.07

Creese 2001
Helen Creese: Old Javanese studies. In: Old Javanese texts and culture. (Hrsg.): Willem van der Molen. In: Bijdragen tot de taal-, land- en volkenkunde 157.1 (2001), S. 3–33

Crowther 2004
Sandy L. Crowther: Jupiter's Web, MaHaBote – The Little Key. http://www.jupitersweb.com/mahabote.htm. 2004. Stand 20.02.07

Cuevas 2003
Bryan J. Cuevas: The hidden history of the Tibetan Book of the Dead. Oxford 2003

Dararutana 2001
Lalana Dararutana: Legends and folk tales of Thailand, »Mekala and Ramasoon«. Story adaptation from: Folk tales of Thailand by Roy Chaudhury. http://www.nighttrekkers-guild.org/Thai_MekalaRamasoon.htm. Stand: 29.12.06

Denis 1965
Eugène S. J. Denis: L'Origine Cingalaise du P'raḥ Malay. In: Felicitation volume of Southeast Asian Studies presented to H. M. Prince Dhaninivat. Vol. 2. Bangkok 1965, S. 329–38

Denis 1993
Eugène S. J. Denis: Brah Māleyyadevattheravatthum. Introduction: Steven Collins. In: Journal of the Pali Text Society 18 (1993), S. 1–65

Dhanit 1952
Yupho Dhanit: Classical Siamese theatre. Bangkok 1952

Drège 1988
Jean-Pierre Drège: On some minor collections of Chinese manuscripts and xylographs from Central Asia in European libraries. In: Dunhuang Dulufan xueshu hui yi. International Symposium on Dunhuang & Turfan Studies. Hongkong [um 1988]

Dufey 1972
Alfons Dufey: Die Khmēr-Thai-Hss. der Bayerischen Staatsbibliothek. [München 1972]

EI²
The Encyclopaedia of Islam. Leiden 1960

Ferrars 1996
Max und Berta Ferrars: Burma. Bangkok 1996 [1901]

Field 2001
Norma Field: The splendor of longing in the Tale of Genji. Ann Arbor 2001 [1987]

Fisher 1990
George A. Fisher: Fisher's Ding or Ding Fubao's catalog of old Chinese cast coinage. Littleton 1990

Franke 1942
Wolfgang Franke: Patents for hereditary ranks and honorary titles during the Ch'ing Dynasty. In: Monumenta Serica 7 (1942), S. 38–67

Franke 1977
Herbert Franke: Bemerkungen zum volkstümlichen Taoismus der Ming-Zeit. In: Oriens Extremus 24 (1977), S. 205–215

Fraser-Lu 1985
Sylvia Fraser-Lu: Burmese lacquerware. Bangkok 1985

Frazer 1963
James George Frazer: The golden bough, a study in magic and religion. London u.a. 1963³ [1890]

Fuchs 1954
Walter Fuchs: Eine buddhistische Tunhuang-Rolle v.J. 673. In: Asiatica. Festschrift Friedrich Weller. Leipzig 1954, S. 155–160

Fujieda 1969
Akira Fujieda: The Tunhuang manuscripts, a general description. Part 2. In: Zinbun 10 (1969), S. 17–39

Gallop 1991
Annabel Teh Gallop und Bernard Arps: Golden Letters, writing traditions of Indonesia = Surat Emas, budaya tulis di Indonesia. London u.a. 1991

Gangoly 1937
O. C. Gangoly: Some illustrated manuscripts of Kamma-Vaca from Siam. In: Ostasiatische Zeitschrift N.F. 13 (1937), S. 207–214

Garifas 1985
R. Garifas: The development of the modern Burmese Hsaìng Ensemble. In: Asian Music 16.1 (1985), S. 1–28

Genji Monogatari 1999
Genji Monogatari: Originaltext, moderne japanische Übersetzung und Romaji-Version. Japanese Text Initiative, University of Virginia Library
http://etext.lib.virginia.edu/japanese/genji.
Stand: 29.06.1999

Ginsburg 1989
Henry Ginsburg: Thai manuscript painting. London 1989

Ginsburg 2000
Henry Ginsburg: Thai art and culture, historic manuscripts from Western collections. London 2000

Ginsburg 2004
Henry Ginsburg: Ayutthaya painting. In: The kingdom of Siam, the art of Central Thailand, 1350–1800. (Hrsg.): Forrest McGill. Ghent 2004, S. 95–109

Goepper 1968
Roger Goepper: Kunst und Kunsthandwerk Ostasiens. München 1968

Grönbold 1981
Günter Grönbold: Die orientalischen Handschriften der Bayerischen Staatsbibliothek. In: Bibliotheksforum Bayern 9,1/2 (1981), S. 68–84

Grönbold 1989
Günter Grönbold: Die tibetischen Blockdrucke der Bayerischen Staatsbibliothek, eine Titelliste. Wiesbaden 1989

Guy 1982
John Guy (Hrsg.): Palm-leaf and paper, illustrated manuscripts of India and Southeast Asia. Melbourne 1982

Harvey 1967
Godfrey Eric Harvey: History of Burma, from the earliest times to 10 march 1824, the beginning of the English conquest. London 1967 [1925]

Herbert 1993
Patricia Herbert: The life of the Buddha. London 1993

Herbert 1999
Patricia Herbert: Burmese court manuscripts. In: The art of Burma. (Hrsg.): Donald Stadtner. Mumbai 1999, S. 87–103

Hinzler 1993
Hedwig I. R. Hinzler: Balinese palm-leaf manuscripts. In: Bijdragen tot de taal-, land- en volkenkunde 149.3 (1993), S. 438–474

Holle 1882
Karel Frederik Holle: Tabel van oud- en nieuw-Indische alphabetten, bijdrage tot de paleographie van Niederlandsch-Indië. Batavia, 's Hague 1882

Hsa̱ya Kji 1966
Hsa̱ya Kji und Hsa̱yaU: Kjo Jin: Ja̱da̱na di pan ja̱da̱ da' jai' kjan:. Yangon 1966[3]

Hu 2000
Philip K. Hu (Hrsg.): Visible traces, rare books and special collections from the National Library of China. Chicago 2000

Hudak 1990
Thomas J. Hudak: The indigenization of Pali meters in Thai poetry. Athens 1990

Ikegami 1986
Kōjirō Ikegami: Japanese bookbinding, instructions from a master craftsman. (Hon no tsukurikata 本の作り方. Tokio 1979). New York u.a. 1986

Ishida 1930
Mosaku Ishida 石田茂作: Shakyō yori mitaru Narachō bukkyō no kenkū 写経よりみたる奈良朝佛教の研究 (Study of Buddhism of the Nara period based on sutra manuscripts). Tokio 1930

Kamala Vasini 1992
A. Kamala Vasini: Iconography of Śiva. Delhi 1992

Karmay 2002
Samten Gyaltsen Karmay: The rituals and their origins in the visionary accounts of the Fifth Dalai Lama. In: Religion and secular culture in Tibet. (Hrsg.): Henk Blezer. Leiden 2002, S. 21–40.

Karmay 1998
Samten Gyaltsen Karmay: Secret visions of the Fifth Dalai Lama. London 1998[2]

Kirk 1978
William Kirk: The Road from Mandalay, towards a geographical philosophy. In: Transactions of the Institute of British Geographers N.S. 3.4 (1978), S. 381–394

Kohn 2000
Livia Kohn (Hrsg.): Daoism handbook. Leiden 2000

Kraft 1986
Eva Kraft: Japanische Handschriften und traditionelle Drucke aus der Zeit vor 1868. Bd. 2: In München (VOHD 27,2). Wiesbaden 1986

Kraft 1994
Eva Kraft: Japanische Handschriften und traditionelle Drucke aus der Zeit vor 1868. Bd. 5: In München, Neuerwerbungen der Bayerischen Staatsbibliothek (VOHD 27,5). Wiesbaden 1994

Kuanpoonpol 1995
Priyawat Kuanpoonpol: Three Mālai manuscripts at Harvard Universitiy's Sackler Museum, should they be considered classical or regional? In: Thai literary traditions. (Hrsg.): Manas Chitakasem. Bangkok 1995, S. 186–197

Lama Pantheon 2004
Lama Pantheon. Smitskamp. Leiden 2004

Lan 1977
Lan Phuong und Matthias Stiefel: Ramakien, der Kampf der Götter, Helden und Dämonen. Bern u.a. 1977

Lewin 1965
Bruno Lewin: Japanische Chrestomathie. 2 Bde. Bd.1: Kommentar. Wiesbaden 1965

Lokesh Chandra 1971
Lokesh Chandra: An illustrated Tibeto-Mongolian materia medica of Ayurveda of 'Jam-dpal-rdo-rje of Mongolia. New Delhi 1971

Luce 1960
Gordon H. Luce und Pe Maung Tin: The Glass Palace chronicle of the kings of Burma. Rangoon 1960 [1923]

Marrison 1999
Geoffrey E. Marrison: Sasak and Javanese literature of Lombok. Leiden 1999

Marrison 2002
Geoffrey E. Marrison: East Javanese palm-leaf manuscripts, materials and palaeography of palm-leaf manuscripts from East Java, Madura, Bali, and Lombok. In: Indonesia and the Malay World 30 (2002), S. 83–91

Maung Htin Aung 1962
Maung Htin Aung: The Nine Gods. In: Folk elements in Burmese Buddhism. London 1962, S. 7–22

Maung Paw 2007
Maung Paw: A Gift of Dhamma, Maha Sivali Thera (Shin Thi Wa Li Thera). www.usamyanmar.net/Buddha/Article/ShinThiwali.pdf. USA Myanmar net. Stand 19.05.07

Maurer 2006
Petra H. Maurer: Die Grundlagen der tibetischen Geomantie dargestellt anhand des 32. Kapitels des Vaidūrya dkar po von sde srid Sangs rgyas rgya mtsho 1653–1705. Habilitationsschrift, München 2006

Motoori Norinaga 本居宣長:
Genji monogatari tama no ogushi 源氏物語玉の小櫛 (1796). In: Ono, Susumu 大野晋 (Hrsg.): Motoori Norinaga zenshū 本居宣長全集. 22 Bde. Tokio 1968–1977. Bd. 4

München 1982
Das Buch im Orient (Ausstellung BSB, 1982–83). (Hrsg.): Karl Dachs. München 1982

München 1985
Günter Grönbold: Tibetica in der Bayerischen Staatsbibliothek (Ausstellung BSB, 1985). München 1985

München 1991
Günter Grönbold: Tibetische Buchdeckel (Ausstellung BSB, 1991). München 1991

München 2000
Schrift-Stücke. Informationsträger aus fünf Jahrtausenden (Ausstellung BSB und Bayerisches Hauptstaatsarchiv, 2000). München 2000

München 2005
Günter Grönbold: Die Worte des Buddha in den Sprachen der Welt / The words of the Buddha in the languages of the world, Tipitaka - Tripitaka - Dazangjing - Kanjur (Ausstellung BSB, 2005). Mit einem Beitrag von Renate Stephan. München 2005

Murasaki Shikibu 紫式部:
Genji monogatari 源氏物語. Nihon koten bungaku taikei 日本古典文学体系. Bd. 14–18. Tokio 1957–63

Murase 1983
Miyeko Murase: Iconography of the Tale of Genji. New York 1983

Mutō 1982
Shunkei Mutō 武藤春卿: Shakyō no susume 写経のすすめ. Tokio 1982

Ñānadassana 1999
Bhikkhu Ñānadassana: Bhikkhu-Pātimokkha, das Hauptregelwerk der buddhistischen Bettelmönche, mit Notizen zur Verhaltensethik (Vinaya) im Anhang. 1999[2] http://www.palikanon.com/vinaya/patimokkha/index.htm (Buchausgabe Colombo)

Negus 2006
Daphne Negus: The Smud Khoi, a many splendored celebration. With translations of the verses by Ianthe Cormak, Martin Clutterbuck from »The legend of the Siamese Cats«. http://www.koratworld.com/smudkoi.html. Stand: 21.12.06

Nihon Bijutsushi 1987
Nihon bijutsushi jiten 日本美術史事典. Bearb.: Ishida Hisatoyo 石田尚豊 u.a. Ryōshi sōshoku 料紙装飾. Tokio 1987

Payer 2006
Alois Payer: Vinayamukha: Grundbegriffe der Ordensregeln und des Ordensrechts des Theravāda, Materialien zu den Grundbegriffen des Buddhismus. http://www.payer.de/buddhgrund/vinaya02.htm. Stand: 21.04.06.

Pani 1984
Subas Pani: Illustrated palmleaf manuscripts of Orissa. Bhubaneswar 1984

Patnaik 1989
Durga P. Patnaik: Palm leaf etchings of Orissa. New Delhi 1989

Pause 1975
Gisela Pause: In: Pinsel und Tusche, Sammlung Heinz Götze. (Hrsg.): Gisela Armbruster. München 1975

Peters 2000
Anne Peters: Burmese manuscripts. Part 4: Catalogue numbers 736–900 (VOHD 23,4). Stuttgart 2000

Peters 2004
Anne Peters: Burmese manuscripts. Part 5: Die Katalognummern 901–1015 (VOHD 23,5). Stuttgart 2004

Pigeaud 1975
Theodore G. T. Pigeaud: Javanese and Balinese manuscripts and some codices written in related idioms spoken in Java and Bali (VOHD 31). Wiesbaden 1975

Pongpaiboon 1995
Suthiwong Pongpaiboon: Local literature of Southern Thailand. In: Thai literary traditions. (Hrsg.): Manas Chitakasem. Bangkok 1995, S. 218–247

Pruitt 1998
William Pruitt und Roger Bischoff: Catalogue of the Burmese-Pāli and Burmese manuscripts in the Library of the Wellcome Institute for the History of Medicine. London 1998

Pruitt 2001
William Pruitt und Kenneth Roy Norman: The Pātimokkha. Oxford 2001

Quaritch Wales 1931
Horace Geoffrey Quaritch Wales: Siamese state ceremonies, their history and function. London 1931

Quaritch Wales 1933
Horace Geoffrey Quaritch Wales: Siamese theory and ritual connected with pregnancy, birth and infancy. In: Journal of the Royal Anthropological Institute of Great Britain and Ireland 63 (1933), S. 441–451

Quaritch Wales 1983
Horace Geoffrey Quaritch Wales: Divination in Thailand, the hopes and fears of a Southeast Asian people. London 1983

Rajadhon 1961
Phya Anuman Rajadhon: Life and ritual in Old Siam. New Haven 1961

Rajadhon 1980
Phya Anuman Rajadhon: Essays on Thai folklore. Bangkok 1980

Rebhan 2007
Tibetische Handschriften aus der Mongolei. In: Mitteilungen aus den Staatsbibliotheken in Berlin und München 2 (2007), S. 24–28

Rittipairoj 2006
Kanokwan Rittipairoj: Digital Museum: Manuscripts. I. Thai manuscripts. Dipartimento di Studi Asiatici – Università degli Studi di Napoli »L'Orientale«. http://www.iuo.it/dsa/museo.php?sel=1. Stand: 09.02.07

Rocher 1986
Ludo Rocher: The Puranas. Wiesbaden 1986, S. 138–151

Rubinstein 1996
Raechelle Rubinstein: Leaves of palm, Balinese Lontar. In: Illuminations, the writing traditions of Indonesia. (Hrsg.): Ann Kumar u.a. Jakarta 1996, S. 129–154

Sachs 1917
Kurt Sachs: Die Musikinstrumente Birmas und Assams im K. Ethnographischen Museum zu München. München 1917

SANGERMANO 1966
F. Vincentius Sangermano: A description of the Burmese Empire. London u.a. 1966[5] [1833]

SCHEIDEGGER 1988
Daniel A. Scheidegger: Tibetan ritual music. Rikon 1988

SCHIPPER 2004
Kristofer Schipper u.a. (Hrsg.): The Taoist Canon, a historical companion to the Daozang. Chicago 2004

SCHLEGEL 1897
Gustav Schlegel und Erwin Ritter von Zach, zwei Mandschu-Kaiserliche Diplome. In: Toung Pao 8 (1897), S. 261–308

SCHLOMBS 1995
Adele Schlombs (Hrsg.): Meisterwerke aus China und Korea, Museum für Ostasiatische Kunst Köln. München 1995

SCOTT 1910
James George Scott: Burma and Assam (Buddhism in). In: Encyclopaedia of religion and ethics. Bd. 3. Edinburgh 1910

SHWAY YOE 1896
Shway Yoe [Pseud.: James G. Scott]: The Burman, his life and notions. London 1896[2]

SHIRANE 1987
Haruo Shirane: The bridge of dreams. Stanford 1987

SINGER 1993
Noel F. Singer: Kammavaca texts, their covers and binding ribbons. In: Arts of Asia 23 (1993), S. 97–106

SOLIBAKKE 2007
Eric Solibakke: The MaHaBote Families. American Federation of Astrologers.
http://home.online.no/~solibakk/mahabote.html.
Stand: 09.02.07

SPIRO 1997
Melford E. Spiro: Ethnographic notes on conceptions and dynamics of political power in upper Burma (prior to the 1962 military coup). In: Ethnology 36 (1997), 31–47

SUNSENG 1977
Sunseng Sunkimneng: Un manuscrit Khmèr d'astrologie conservée au Musée Guimet. In: Arts Asiatiques 33 (1977), S. 57–131

TAGARE 1976–78
Ganesh Vasudeo Tagare (Übers.): The Bhagavata Purana. 5 Bde. Delhi 1976–78

TAISHŌ 1924–32
Taishō shinshū daizōkyō 大正新修大蔵経. The Tripitaka in Chinese. (Hrsg.): Junjirō Takakusu 高楠順次郎 und K. Watanabe K. 渡辺. Tōkyō 1924–32, 85 Textbände. Dazu 12 Bde. Bildteil 1932–34, Repr. 1960–64. Nr. 220, S. 825–830

TAYLOR 1976
Robert H. Taylor: Politics in late colonial Burma, the case of U Saw. In: Modern Asian Studies 10.2 (1976), S.161–193

TEMPLE 1910
R. C. Temple: Burma. In: Encyclopaedia of religion and ethics. Bd. 3. Edinburgh 1910

TERWIEL 1975
Barend J. Terwiel: Monks and magic, an analysis of religious ceremonies in central Thailand. London 1975

TERWIEL 1981
Barend J. Terwiel: Tai peoples and the computation of time, a comparative perspective. In: Oriens Extremus 28,1 (1981), S. 62–106

TERWIEL 2003
Barend J. Terwiel und Chaichuan Khamdaengyodtai: Shan manuscripts (VOHD 39). Stuttgart 2003

THANISSARO 2002
Bhikkhu Thanissaro [Geoffrey DeGraff]: Buddhist Monastic Code II, Chapter 19, Penance & Probation.
http://www.accesstoinsight.org/lib/authors/thanissaro/bmc2/ch19.html. Stand 18.06.06

TRAGER 1979
Frank Newton Trager, William John Koenig und Daw Yi Yi: Burmese Sit-tàns, 1764–1826, records of rural life and administration. Tucson 1979

VALMAN 1986
Fereydun Valman (Hrsg.): Ardā Wirāz Nāmag, the Iranian »Divina Commedia«. London 1986

VAN DER MEIJ 1996
Dick van der Meij: Outpost of tradition, the island of Lombok. In: Illuminations, the writing traditions of Indonesia. (Hrsg.): Ann Kumar u.a. Jakarta 1996, S. 155–160

VAN NAERSSEN 1977
F. H. van Naerssen, T. G. T. Pigeaud und P. Voorhoeve: Catalogue of Indonesian manuscripts. Part 2: Old Javanese charters, Javanese, Malay and Lampung manuscripts, Mads Lange's Balinese letters, and official letters in Indonesian languages. Copenhagen 1977

Vinayavijaya:
Lokaprakāśa. Mumbai 1990

Wachirayanawarorot 1983
Prinz Wachirayanawarorot: The entrance to the Vinaya. Vinayamukha. Vol. 3. Bangkok 1983

Walleser 1914
Max Walleser: Prajñā. Pāramitā. Die Vollkommenheit der Erkenntnis, nach indischen, tibetischen und chinesischen Quellen. Göttingen u.a. 1914

Wenk 1963
Klaus Wenk: Thai-Handschriften. Teil 1 (VOHD 9,1). Wiesbaden 1963

Wenk 1968
Klaus Wenk: Thai-Handschriften. Teil 2 (VOHD 9,2). Wiesbaden 1968

Wenk 1982a
Klaus Wenk: Studien zur Literatur der Thai, Texte und Interpretationen. Bd. 1. Hamburg 1982

Wenk 1982b
Klaus Wenk: Eine Abhandlung über Katzen und Hunde, Bemerkungen zur Gattung der tamrā. Tamrā māu – tamrā sunak. In: Studien zur Literatur der Thai, Texte und Interpretationen. Bd. 1, Hamburg 1982, S. 241–249

Werner 1932
E.T.C. Werner: A dictionary of Chinese mythology. Shanghai 1932

Williams 1960
C.A.S. Williams: Encyclopedia of Chinese symbolism and art motives. New York 1960

Wray 1972
Elizabeth Wray: Ten lives of the Buddha, Siamese temple paintings and Jataka tales. Tokio 1972

Yoshioka 1673
Hiroshi Yoshioka 吉岡曠: Shusho Genji monogatari 首書源氏物語. Suetsumuhana 末摘花. Osaka 1983 [1673]

Signaturenkonkordanz

SIGNATUR	KAT.-NR.
Cod.birm. 104	14
Cod.birm. 168	17
Cod.birm. 207	18
Cod.birm. 260	16
Cod.birm. 285	15
Cod.jap. 18	31
Cod.jap. 20	30
Cod.jav. 2585	11
Cod.nepal. 80	5
Cod.Oriya 88	1
Cod.pers. 446	4
Cod.sanscr. 577	7
Cod.sanscr. 655	3
Cod.sanscr. 767	2
Cod.siam. 19	12
Cod.siam. 98	10

SIGNATUR	KAT.-NR.
Cod.siam. 121	8
Cod.siam. 176	9
Cod.sin. 4	26
Cod.sin. 125	29
Cod.sin. 136	27
Cod.sin. 212	28
Cod.singh. 294	13
Cod.tibet. 784	19
Cod.tibet. 807	20
Cod.tibet. 838	25
Cod.tibet. 895, 896, 897	22
Cod.tibet. 900	24
Cod.tibet. 901	23
Cod.tibet. 922	21
Cod.Zend 105	6

Chinesisches Glossar

Bao Xuansheng	鮑玄升
Diguan	地官
Feng	封
Gaoming	誥命
Guanxiu	貫休
Jin gang ban ruo bo luo mi jing	金剛般若波羅蜜經
Liu Yuanran	劉淵然
Luohan	羅漢
Nala	納喇
Sanguan	三官
Sanyuan	三元
Shengyinsi	聖因寺
Shou	授
Shuiguan	水官
Shun-ku-tu	舜庫圖
Tai shang dong xuan ling bao san yuan pin jie gong de qing zhong jing	太上洞玄靈寶三元品誡功德輕重經
Tai shang tai xuan nü qing san yuan pin jie ba zui miao jing	太上太玄女青三元品誡拔罪妙經
Taishuren	太淑人
Tan'en	覃恩
Tianguan	天官
Tianzun	天尊
Tongyi daifu	通議大夫
Wu-er-ge	吳爾格
Zeng	贈

Zu beziehen über:
Bayerische Staatsbibliothek
Zentralabteilung
80328 München
Fax: 089/2 86 38-20 50
E-Mail: Thomas.Zotz@bsb-muenchen.de
Unter http://www.bsb-muenchen.de/verwaltg/publ.htm
gibt es die Möglichkeit, online zu bestellen.

Bildnachweis: Karl Perstling mit freundlicher Unterstützung des Faksimile Verlags Luzern (Nr. 1–3, 5–10, 12, 14, 16–23, 25–26, 28–31) und Fotostelle der Bayerischen Staatsbibliothek (Nr. 4, 11, 13, 15, 24, 27)

Typografie, Gestaltung und Herstellung: Büro Sieveking, München
Umschlag: Büro Sieveking, München
Druck und Bindung: Sellier Druck GmbH, Freising
Reproduktionen: Lorenz & Zeller, Inning a. Ammersee

ISBN 3-9807702-9-X

Printed in Germany

Umschlag: Vorder- und Rückseite unter Verwendung von Cod.siam. 98 (Nr. 10)
Frontispiz: Buddha Shakyamuni aus Cod.tibet. 922 (Nr. 21)
S. 8: Cod.sin. 212 (Nr. 28)
S. 15: Cod.sin. 125 (Nr. 29)